重庆中国三峡博物馆三峡古人类研究所
中国科学院古脊椎动物与古人类研究所

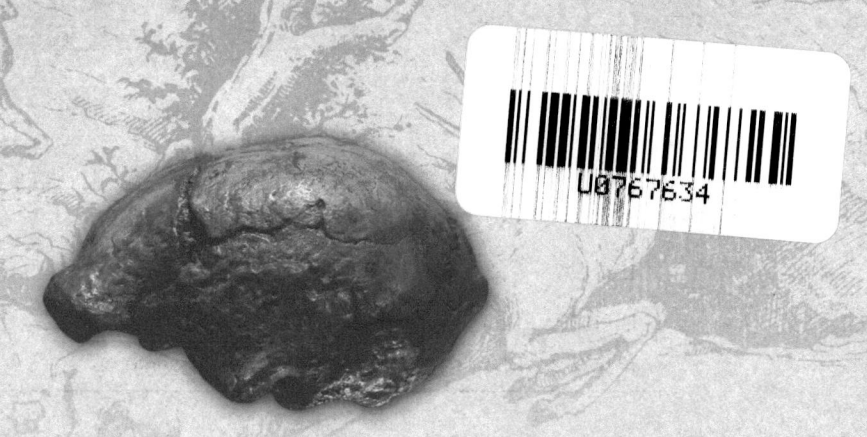

和县猿人

Homo Erectus Hexianensis

黄万波　魏光飚　陈少坤　贺存定◎著

科学出版社
北京

图书在版编目(CIP)数据

和县猿人/黄万波等著. —北京：科学出版社，2012

ISBN 978-7-03-035668-0

Ⅰ.①和… Ⅱ.①黄… Ⅲ.①直立人-和县-普及读物 Ⅳ.①Q981.4-49

中国版本图书馆 CIP 数据核字（2012）第 229091 号

责任编辑：侯俊琳　张　凡　李　楚　王昌凤/责任校对：宋玲玲
责任印制：赵　博/封面设计：无极书装

编辑部电话：010-64035853
E-mail：houjunlin@mail.sciencep.com

科学出版社 出版
北京东黄城根北街 16 号
邮政编码：100717
http://www.sciencep.com

北京厚诚则铭印刷科技有限公司印刷
科学出版社发行　各地新华书店经销

*

2012 年 11 月第 一 版　开本：720×1000 1/16
2025 年 4 月第四次印刷　印张：10 1/4
字数：73 600
定价：**58.00 元**

（如有印装质量问题，我社负责调换）

卷首语

　　1979年10月，当我踏上江南的土地，观察了安徽省水文地质队从和县陶店镇采集的大批古动物标本，考察了龙潭洞的地貌、地层和化石埋藏概况后，凭感觉，我似乎走近了远古人类曾经生活过的那片沃土。

　　这不是幻想，从气候背景显示的信息来看亦如此。

　　大约260万年前，由于新构造运动，大气环流发生变化，西北冬季风逐渐增强，全球变冷，冰川发育，并伴随多次气候冷暖波动，以秦岭为界的南北气候格局基本形成。至此，秦岭以北的广阔地域便在西北季风控制之下，形成了干旱的气候，累积了厚厚的黄土。这样的生态环境是不适宜远古人类生息的。而在秦岭以南，由于处在东南和西南季风控制之下，气候湿润，植被繁茂。不言而喻，这样的生态环境才是远古人类生息的理想家园。人类群体中，最先进入这片沃土的，当然是能够直立行走、能够制造工具的远古先民。

和县猿人就是远古先民中的一员，他在这里生息了 25 万年之久，直至 20 世纪 80 年代初，他脸上蒙的面纱才被揭开，露出了庐山真容：眉脊突起、前额低平、枕脊粗隆、头颅短宽等，一幅直立人（Homo erectus）的相貌。然而令人遗憾的是，和县猿人自"出生"至今整整 30 年有余，却远不及"元谋人"那么有名气！究其原因，一是研究工作停滞不前，二是缺乏宣传，当然还有天时、地利、人和等多方面的因素制约，不管怎么说，其中，我们有一份责任。因为我们只完成了和县猿人的"出生"工作，却未扶植她"成长"。

和县猿人的声望虽然不高，但是标本却相当完好。1989 年 10 月 29 日，著名考古学家贾兰坡院士在给安徽省文化厅文物局的函件中说："贵省发现的和县人，就同时期的人化石来说，其完整性只有北京猿人可以与之相比。"

贵省发现的和县人，就同时期的人化石来说，其完整性只有北京猿人可以与之相比。从发现之日起到明年已历十载，为了推动贵省进一步发展本门学科，是否也可以举行一次纪念会？我相信会起很大的宣传作用。

敬礼

贾兰坡 上

八九·十·二九·

贾兰坡院士给安徽省文化厅文物局的函件

和县猿人

　　和县猿人头盖骨不单纯体现在物美上，它在人类演化中呈现的体质特征更是令人关注。比如说，和县猿人头盖骨，与北京猿人相比，显得短宽，后者表现略长；而与爪哇猿人相比，两者较为相近。或者说，和县猿人头盖骨既有北京猿人的性状，更表现出爪哇猿人的长相。这些现象是直系关系，还是体质特征在地区之间发展的不平衡性？再者，和县猿人生活的时代为25万年前，是目前东亚地区直立人支系中时代最晚的代表，而且又与早期智人处在同一个时间界面，他们之间的相处关系是和谐、敌视，还是分别在各自的生态环境中成长？总之，这些科学内涵既深奥，又有诱惑力，等待着研究者去一一揭晓。

　　和县猿人遗址的堆积物还有不少被保存下来，足够研究者在此开展野外工作，或许会再出奇迹，迎来和县猿人家族的新成员。

　　和县猿人遗址已于1988年被国家文物局批准为全国重点文物保护单位，值得庆贺。在安徽省各级文化主管部门的支持与关怀下，和县猿人遗址定能在25万年后展现出她的风采：汪家山风景绮丽，民风淳朴，龙潭洞景点众多，文化渊源古远，不时地迎来国内外人文学、地学、考古学、洞穴学等爱好者，以及每一个有求知欲望的旅游者。

之所以这样思考，主要是觉得这很有价值，很希望让和县猿人的文化光芒传向四海！

黄万波

2011年5月1日于北京

目录

卷首语 / i

第一章　和县猿人故里的自然概貌 / 1

第二章　和县猿人的发现 / 7

　　一、走进龙潭洞 / 14

　　二、二探龙潭洞 / 17

　　三、发掘龙潭洞 / 21

　　四、想找一个"瓢" / 30

第三章　和县猿人的长相 / 37

第四章　和县猿人的家园 / 43

　　一、洞穴溶蚀及扩大阶段 / 45

　　二、和县猿人迁居龙潭洞阶段 / 46

　　三、龙潭洞衰老阶段 / 49

第五章　和县猿人的文化 / 51

　　一、骨制品 / 53

　　二、角制品 / 57

三、牙制品 / 58

　　四、石制品 / 62

第六章　和县猿人遗址的古动物 / 65

第七章　和县猿人生活的年代 / 109

　　一、氨基酸法 / 111

　　二、电子自旋共振法 / 112

　　三、热释光法 / 112

　　四、动物群对比法 / 112

第八章　和县猿人生活时期的气候环境 / 115

第九章　龙潭洞的化石埋藏与人类活动 / 121

第十章　和县猿人与他的近邻南京猿人 / 127

第十一章　和县猿人与他的远亲北京猿人 / 133

第十二章　和县猿人与他的近亲爪哇猿人 / 139

附录 / 145

后记 / 149

第一章 和县猿人故里的自然概貌

第一章
和县猿人故里的自然概貌

在安徽省境内,与马鞍山市一江之隔的地方,有个和县。这里就是历史上楚霸王项羽自刎乌江之处。在距和县陶店镇东南角不到1000米的地方,有座百十米高的低山——汪家山,而著名的龙潭洞,即和县猿人遗址就在山脚下。它南依山岭,北濒平原,地势起伏不大。这一带多为低山丘陵,属于淮阳山脉东延的南脉,成为长江北岸支流滁河与长江干流的分水岭,由分水岭至平原,在地形剖面上大致有四个不同高度的台面:

(1) 北东—南西向山地。地势平缓,海拔超过200米。

(2) 北东—南西向山前岗地。海拔140～120米。

| 和县猿人

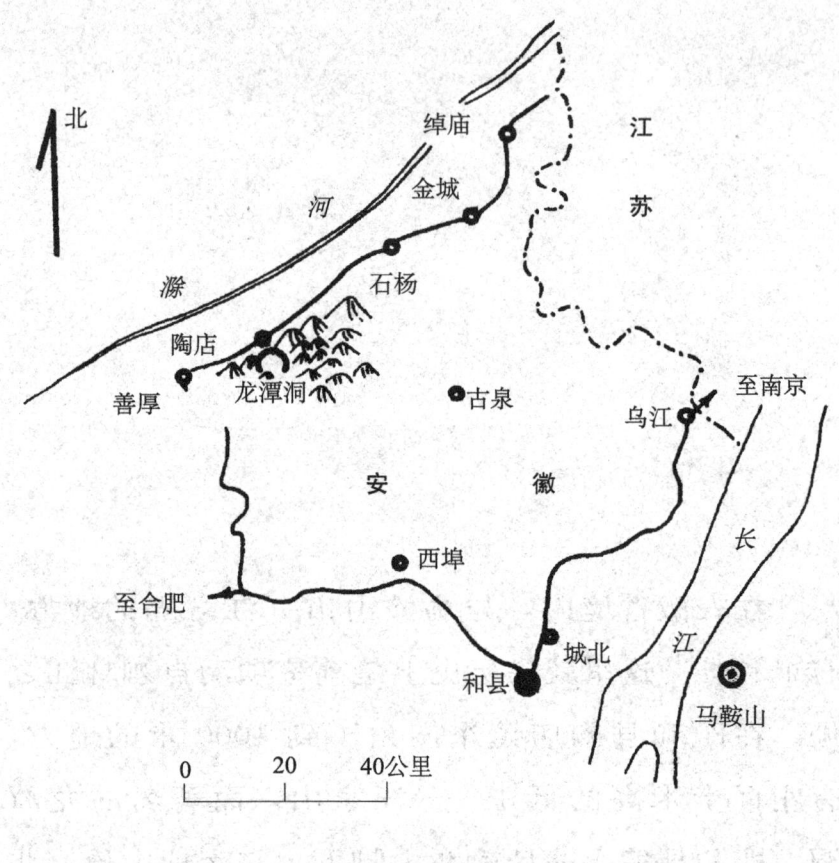

龙潭洞地理位置

(3) "舌状"山梁与平顶山丘。海拔 80～40 米。

(4) 冲积平原。海拔 20～10 米。

和县猿人遗址属山前岗地,地理坐标东经 118°20′;北纬 31°45′,距和县县城 48 公里,属南亚热带的北缘,依县气象站资料,年均温度为 15～16°C;年均相对湿度 78%,无霜期 220～260 天,年均降雨量 1100～1200 毫米，最大降雨量 293.8 毫米（1962年）；年均蒸发量 1498.8 毫米。

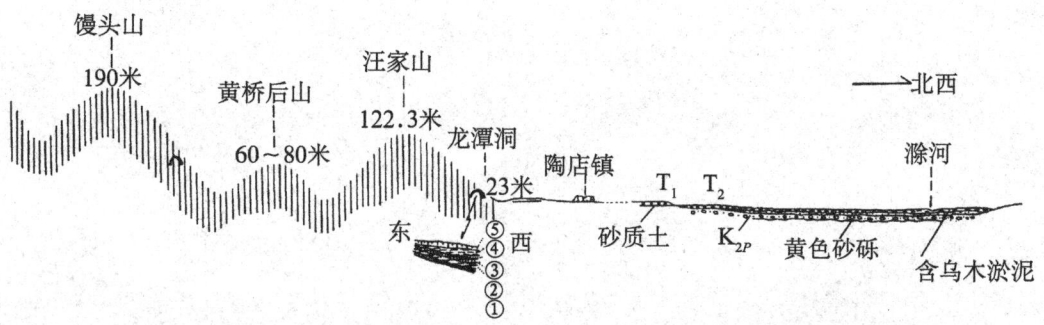

龙潭洞及周边地形示意图

注：①～⑤层岩性，见第四章堆积地层说明

第二章 和县猿人的发现

第二章
和县猿人的发现

在说和县猿人被发现前，先简要介绍一下"猿人"一词的由来。

1891～1892年，荷兰医生杜布瓦（Dubius）在印度尼西亚爪哇岛发现一具头盖骨和一根大腿骨，他研究后认为，这两件标本的形态特征既像猿又像人，它是从猿到人的中间类型，能够直立行走，于是将其定名为 *Pithecanthropus erectus*。*erectus* 表示"直立"，整个词译成汉语称"直立猿人"，在论文里，一般用"直立人"，在通俗读物里，一般用"猿人"。为什么叫猿人？因为猿人的脑子较小，额骨扁塌，面骨较大，嘴巴向前突出，没有下巴等，这些形态特征展示出他既不同于现代人，也不同于现生猿，故称其为猿人。

猿人包括早期猿人（最早的人）和晚期猿人（直立人）。早期猿人有萨海尔人、原初人、扁脸人、能人和鲁道夫人，还有地猿始祖种、地猿湖畔种、南猿阿法种、南猿羚羊河种、南猿非洲种、南猿惊奇种、南猿包氏种等，目前多发现于非洲。中国的巫山猿人可视为早期猿人，时代界面为距今700万～150万年。晚期猿人有匠人、海德堡人等，目前发现其分布遍及非洲、欧洲和亚洲。中国的元谋猿人、蓝田猿人、郧县猿人、北京猿人、南京猿人、和县猿人等可视为晚期猿人，时代界面为距今170万～25万年。

接下来，进入我们的正题——和县猿人是怎样被发现的。

1963年冬，安徽省和县陶店镇在汪家山北坡大搞农田水利建设，想把汪家山南边大陈水库的水引下山来。水渠所经之处，都在寒武系的白云岩上，这种岩石看起来破碎，可挖起来就不易了，必须打眼放炮。一天，忽然在龙潭上方炸开了一个洞穴，洞身很低，只有1米来高。几个好奇的民工爬了进去。出来时，每个人都拾了一包奇形怪状的骨头，轰动了整个工地。一位中医认出这些骨头是味中药，即"龙骨"。于是，前来挖"龙骨"的人络绎不绝。由于洞顶忽然塌落造成了事故，所以打那以

第二章
和县猿人的发现

民工挖掘出来的洞穴

后,人们再也不敢来挖了。

1974年4月,和县文化局认为这些化石是稀有的东西,便寄了一些给中国科学院古脊椎动物与古人类研究所。当时受"文化大革命"的干扰,研究所对这些化石只作了一般鉴定,未加以重视。

到了1979年春,安徽省水文地质队在和县陶店镇进行水文地质普查时,在龙潭上方的一个洞

— 11 —

| 和县猿人

水文地质队保存的斑鹿角

穴里采集了一些化石，并给中国科学院古脊椎动物与古人类研究所发函，要求鉴定这些化石的时代。

1979年10月，中国科学院古脊椎动物与古人类研究所派遣黄万波、谢树华前往水文地质队了解情况。

在水文地质队陈国荫工程师的协助下，黄万波对他们采集的化石作了初步鉴定，其中有虎、马、犀、鹿和猪等种类。单从动物化石种类上看，与江

第二章
和县猿人的发现

南山洞中常见的动物种类无异，其地质时代可早可晚，因为这些化石从早更新世一直延续到晚更新世晚期（距今220万～1万年）。但是，若从另一个角度看，就很有意思了。比如说，几乎所有的鹿角都不是完好的，且破坏得很有规律：角尖断裂，角基保存，其下方还保存着部分顶骨。这种现象说明，鹿角并非自然脱落。我们知道，鹿的角长大成熟后就会脱落，然后长出新角。这种有规律脱落下来的角，在它的脱落部分是不带顶骨的。我们用放大镜进一步观察，来自陶店的所有鹿角化石，其断面都具有清楚的折断和砍砸痕迹，下端顶骨同样有此现象。看起来，尽管是一些不起眼的残破鹿角，然而

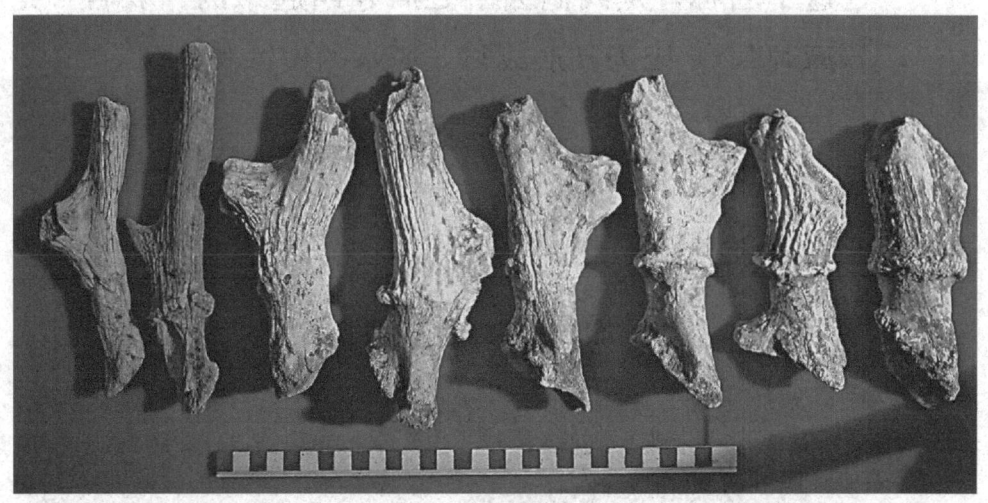

带有部分顶骨的斑鹿角

角的断面和表面痕迹的形态，却带给我们极大的疑问：这些痕迹是怎样形成的？

要揭开其中的奥秘，只有顺藤摸瓜、一追到底！

一、 走进龙潭洞

龙潭洞处在长江北岸，和县境内的汪家山南麓，比较准确的地理位置是东经118°20′、北纬31°45′。到了陶店镇，汪家山就跃入人们的眼帘，地势特别醒目。在未开发之前，这里是无洞可寻的。龙潭洞这个名称，是我们去了之后才叫起来的。取名"龙潭洞"，是因为其形成与龙潭水的侵蚀相关。

陶店汪家山

第二章
和县猿人的发现

开发前的龙潭洞

1979年10月27日，我们一行三人来到陶店镇，28日开始对龙潭洞进行考察与试掘。龙潭洞是否有远古人类的遗迹？望着那平静如镜的龙潭，我们想起了法拉第的话："就是最成功的科学家，在他十个希望的初步结论中，能实现的也不到一个。"这正是科学工作者们在探索未知中的共同经历。

我们选择了化石最集中的地方作了试掘。大

约在 4 立方米的棕红色砂质黏土中，仅鹿角化石就采集了 20 多件，其形态与陈国荫等最初拿到的一样，也都只保留了部分主枝、眉枝（在形态学上，把鹿角的第一个叉叫眉枝，把分出眉枝的主干叫主枝）和下端的部分顶骨。这难道是巧合吗？不是。再从几件可疑的石片看，石质坚硬，系硅酸盐类岩石，此地不产，从何而来？至于破碎的骨片，比比皆是，奇怪的还是这些骨片没有一件有被水流磨蚀的痕迹。总之，所见新奇，脑海里的问号接二连三。谁能解开这千古之谜？

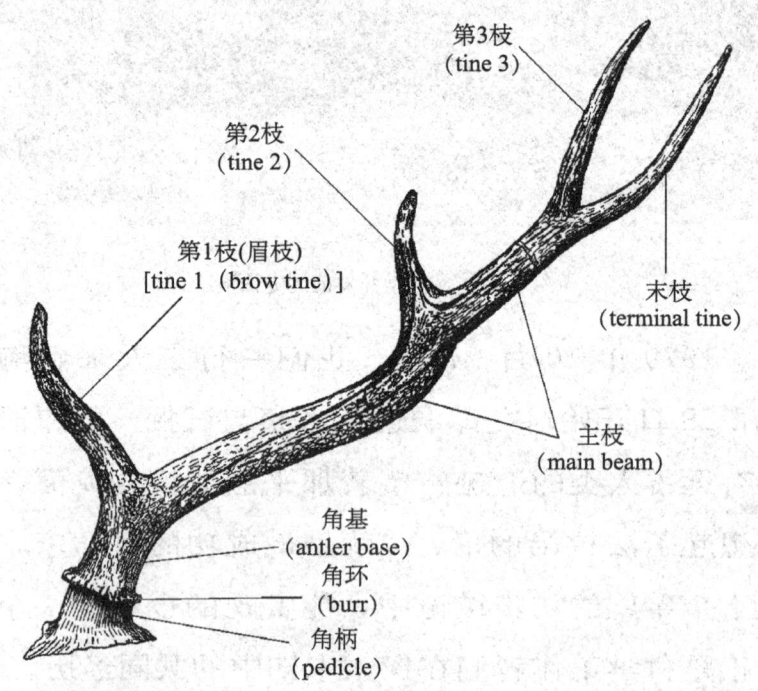

鹿角各个部位的称呼（董为供图）

由于时间关系，这次只试掘了三天。当我们带着这些珍贵的标本告别龙潭时，不由得想起了古多尔（现在大多称其为珍妮·古道尔）在非洲考察黑猩猩时的情景，她只身在原始森林生活了4年之后，才见到了黑猩猩。而我们呢，仅仅才是开始。看来，要揭开龙潭洞的奥秘，还必须深入下去。

二、二探龙潭洞

1981年1月10日，我们一行4人又从北京出

叶永相（左）在发掘现场

发了，12日抵达和县陶店镇，14日开始发掘。这个发掘组除了北京来的几位，还有安徽省文物队的汪景辉、省博物馆的王彦祥以及县文化馆的叶永相。发掘时，大家都很认真，几天工夫，就清除了覆盖在化石层上的白云岩块，工作进展得十分顺利。我们发掘了7天，挖掉土石约10立方米，采集化石10余种，其中最多的是鹿角化石，数量超过200件。这么多的鹿角堆在一起，是鹿在龙潭洞集体自杀吗？当然不是，因为在这些鹿个体中，不仅找不出一具完整的骨架，就连一条鹿腿或者一个

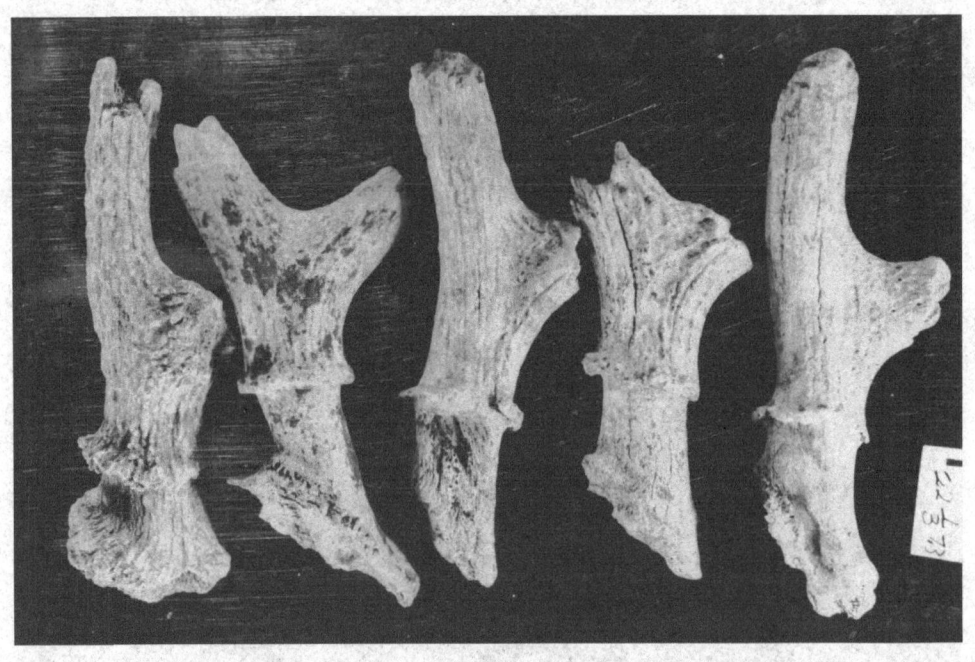

带部分顶骨的葛氏斑鹿角

第二章
和县猿人的发现

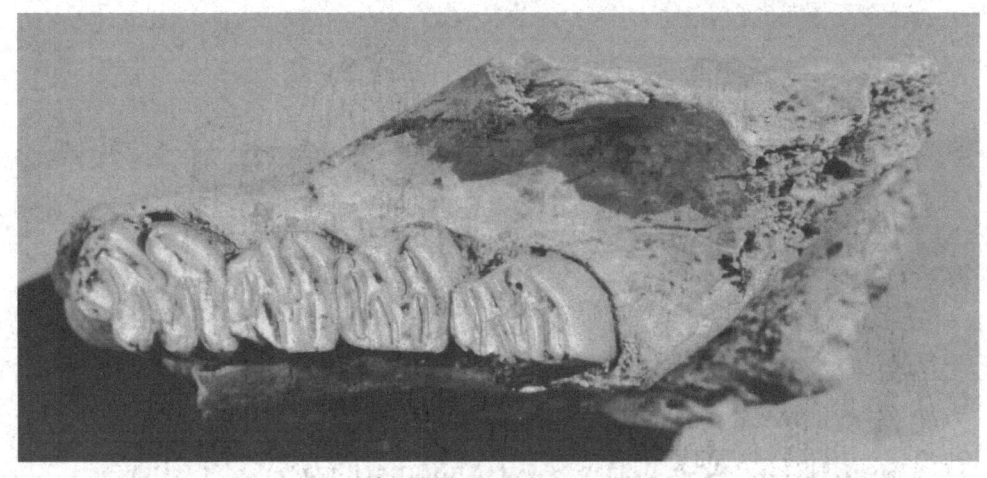

居氏巨河狸上颊齿

鹿头都缺这少那。更值得注意的是，龙潭洞出现了肿骨鹿和葛氏斑鹿的化石。这些鹿化石（形成于70万～22万年前）在周口店北京猿人洞是相当丰富的，而在南方，据了解，要数龙潭洞的材料最多了。另一种哺乳动物化石居氏巨河狸也是"北京猿人动物群"中的一员。肿骨鹿和居氏巨河狸远离北国来到长江江畔，不能不引起人们的深思！

在大量的碎骨片中，我们还发现了一些骨制品、角制品和石制品。有的似铲，有的似锥。一些颅后骨骼，如犀、象、鹿等的股骨和肱骨，其远端和近端都被折断了。所有这些现象都说明，龙潭洞不仅是人类的活动场所，而且更像一个动物屠宰场。

| 和县猿人

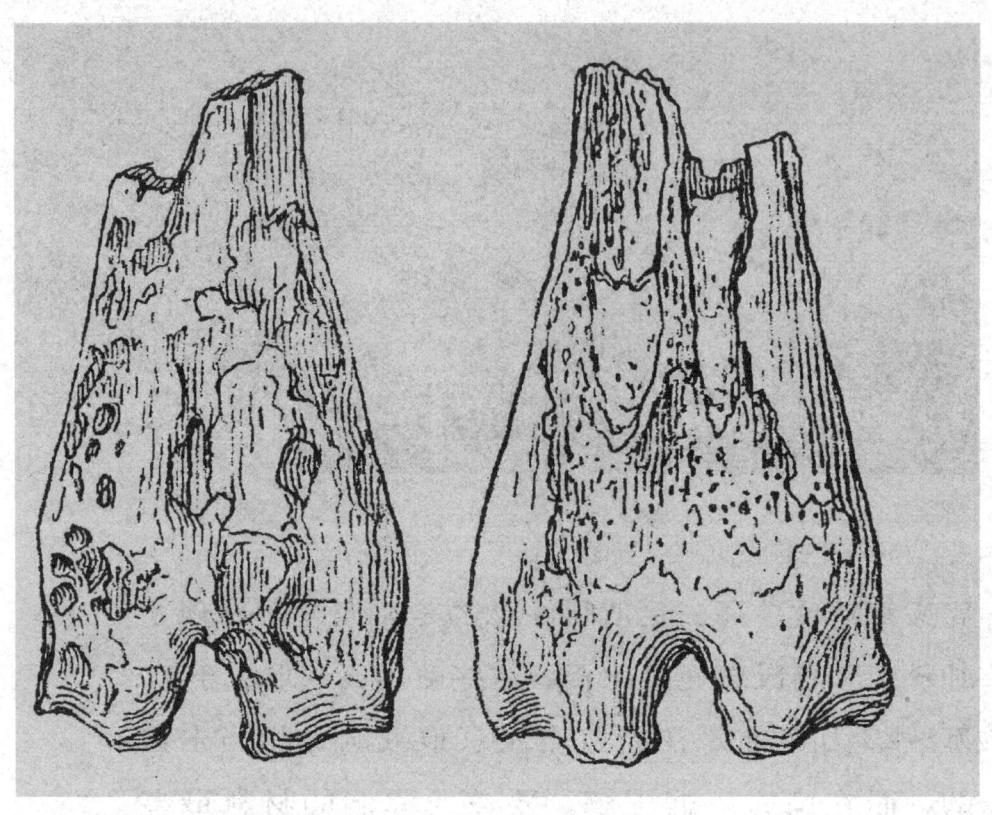

牛肢骨远端

　　翻开我国古人类学史册，凡有骨器、石器以及大量哺乳动物化石的地方，常常预示着古人类遗骸的存在。龙潭洞会不会是这种情况呢？所有的预示、推理，都必须经实践才能证实。也就是说，龙潭洞是否属于古人类遗址，其中有无人类化石，只有继续发掘才能见分晓。

三、发掘龙潭洞

自龙潭洞被发现以来，不少人前往参观，就是远离和县县城的公务员、群众，也关心着龙潭洞的发掘工作。县水利局秦万炬工程师就是其中一名。1980年7月，他结束了陶店一带的水文地质考察工作后，特意抽空去龙潭洞看看。那时，虽然发掘停止了，但出露在黏土层中的化石和洞底的碎骨残片仍有不少。老秦尽管是水文地质工作者，但对脊椎动物化石十分爱惜。他在我们挖过的土堆上信手拾到了几枚牙齿，其中有一枚很像人牙，老秦就想，这个人牙，不正是那些"探洞者"向往已久的吗？

人牙：上白齿

1980年国庆前夕，中国科学院古脊椎动物与古人类研究所收到了秦万炬寄来的邮包和信件。古人类学家顾玉珉观察后认为，老秦在龙潭洞松土里拾到的那个牙齿确实是人的牙齿。别看这枚人牙缺少了牙根，但齿冠保存完好，牙齿咬合面的釉质细纹清晰可辨，它是枚上臼齿。这是多么鼓舞人心的线索呀！它促使我们再返龙潭洞一探究竟。

10月上旬，黄万波和彭春（中国科学院古脊椎动物与古人类研究所）、方笃生（安徽省文物队）、叶永相和范汝强（和县文物组）等组成的发掘队，开始"三探龙潭洞"。

发掘探方

第二章
和县猿人的发现

发掘现场（一）

发掘现场（二）

发掘现场（三）

发掘现场（四）

（左为彭春，右为黄万波）

第二章
和县猿人的发现

根据秦万炬寄到北京的人牙化石表面黏附的土质分析，它应当来自第二堆积层，因为该堆积层含有较多的褐色黏土。因此，我们在制订发掘方案时规定，尽管含化石的黏土很潮湿，其中碎骨片又多，但对每一块黏土都不能轻易放过。

10月19日，是我们正式发掘的头一天，按周口店北京猿人洞发掘的传统方式，把20多平方米的同一水平层，划分为22个发掘探方。这样做，可以把化石的出土位置、埋藏产状比较准确地标在所属探方内，为分析人类的行为提供更多的信息。

上午9点左右，当叶永相在1F探方掰开一块红色黏土时，在新掰开的断面上露出一小点白色的骨头，于是他轻轻地扒开骨头四周的黏土。起初，他以为是个小哺乳动物的骨片，再仔细一打量，不对，是牙齿！是什么牙？老叶一时还拿不准，就把它给了黄万波。黄接过牙齿，由于材料太破，初看一下子很难说出个所以然来。洗净后，借助放大镜才看清，原来这是一片2/5大小的人类牙齿齿冠。尽管材料有限，但它证实了龙潭洞确实有人类化石，同时也进一步肯定了秦万炬拾得的那个人牙出自龙潭洞。

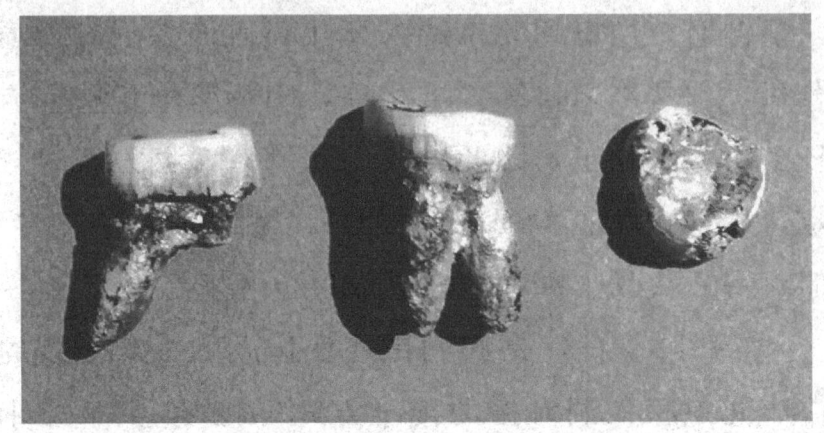

人牙：上臼齿

接着，10月21日和23日，我们又分别在1E和2F探方内找到了3个完好的人牙，两个上第1或第2臼齿，一个上第3臼齿。

10月19～23日，共发现了3个半人牙。初战告捷，极大地鼓舞着我们向更高的目标迈进。既然有人牙，就可能有人的下颌骨，甚至有人的头骨，这并非异想天开！

11月1日下午，方笃生早早来到了发掘工地。他怀着盼望有所发现的急切心情刨到了一个酷似人的牙齿的化石以后，仔细地揩了又揩，接着，又悄悄地拿到龙潭洗了又洗，拿上来一鉴定，它只是一个鹿的门牙。

于是黄万波说："这不奇怪，类似的情况我也有过，秦万炬寄到北京的那个人牙，开始我就把它

第二章
和县猿人的发现

黄万波向队员们讲解如何鉴别人牙化石

（左起：方笃生、彭春、黄万波、范汝强、叶永相）

当成猪牙了。"

　　善意的笑声在发掘现场传开了。而方笃生毫不在意，他觉得，认错了不怕，重要的是不能放过任何可疑的线索。回到 3C 号探方后他不声不响地清理彭春刨下来的一块块化石。20 多分钟后，从一块棕红色的黏土里，他又掰出了一个人牙化石。这次，他真的认识了，兴奋地再往下掰。啊！下面连接着的是牙床！他看了看大伙儿，然后用颤抖的双

| 和县猿人

发现和县猿人下颌骨时的情景

和县猿人左侧下颌骨

手把它递给了黄万波。当黄万波把全部黏土清除后，一段左下颌骨展现在眼前，他不觉大声欢呼起来！这具下颌骨上还带有两个臼齿，齿冠咬合面略经磨损，牙齿及牙床粗壮，齿冠咬合面具有 Y 字形沟纹等特征，可以断定其主人是人属（*Homo*）中的一员。

筛洗化石

发掘工作一开始，我们除了在土块里寻找化石外，对寻找过的泥土也不轻易废弃。因为这些泥土是筛洗的最佳原料。可不是吗？用筛洗法不仅获得了大量小哺乳动物牙齿、下颌骨和肢骨，而且还获得了一枚人的门齿。

四、想找一个"瓢"

11月4日，天气阴沉，汪家山被云雾吞没了许久，龙潭洞的发掘工作已接近尾声，一个水平层上的20多个探方基本上挖掘完了。这次发掘的收获是巨大的、多方面的。我们不但再次找到了"华南大熊猫－剑齿象动物群"中的大熊猫、剑齿象、中国犀和一些华北类型的和县双角犀、葛氏斑鹿、肿骨

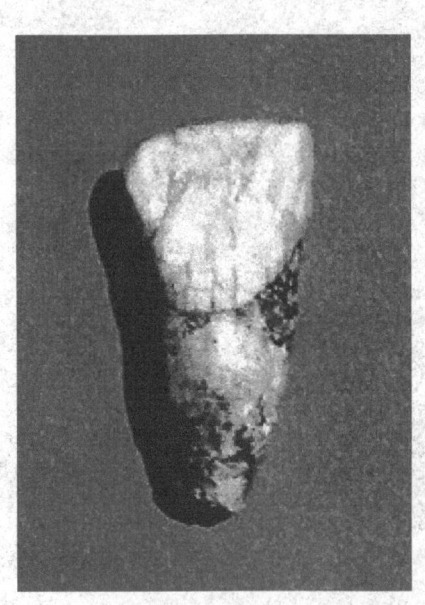

和县猿人上门齿，舌面观

第二章 和县猿人的发现

鹿、居氏巨河狸等哺乳动物化石，而且发现了第三纪残留下来的现在已灭绝的剑齿虎等。已有的近30种哺乳动物化石说明：长江中下游一带存在着一个南北混杂的动物群。

人牙、人的下颌骨也被发现了，还有骨器，可这些，都抑制不住我们想找一个"瓢"——猿人头盖骨的愿望。

下午，雾气渐渐消散，太阳偏西了，紧靠南裂隙下的土层已挖到接近洞壁。这时，发掘者根据堆积层的分布，认为西侧还有仔细发掘的余地，就转移到西侧的2A探方试试看。这个地方，曾经挖出过许多大型动物的骨骼，土质也很疏松，发掘时还伴随着一股难闻的霉味。这里离猿人下颌骨所在第3C探方不过1米远，在这里挖是很有希望的。4点25分左右，黄万波拿着一段像人的桡骨的化石到龙潭边洗刷。

大约4点30分，奇迹出现了！参加过多年古生物发掘工

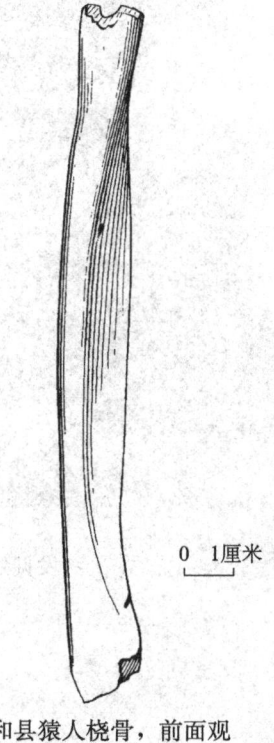

和县猿人桡骨，前面观

| 和县猿人

作、有丰富经验的彭春一镐掀下一块黏土后,像脑勺一样的化石出现在眼前。彭春想从上面往下挖,刨个整的,试了一下不行,觉得还是从左右两侧挖为好。一镐、两镐,脑勺暴露的面积越来越大,眼看就要脱离土层了,彭春抄起小铲,把脑勺下方的土层扒开,然后用左手托住它,右手用铲由上往下一铲,虽然略有破损,可脑勺拿到手了。

发掘处出现了大型动物的腿骨

第二章
和县猿人的发现

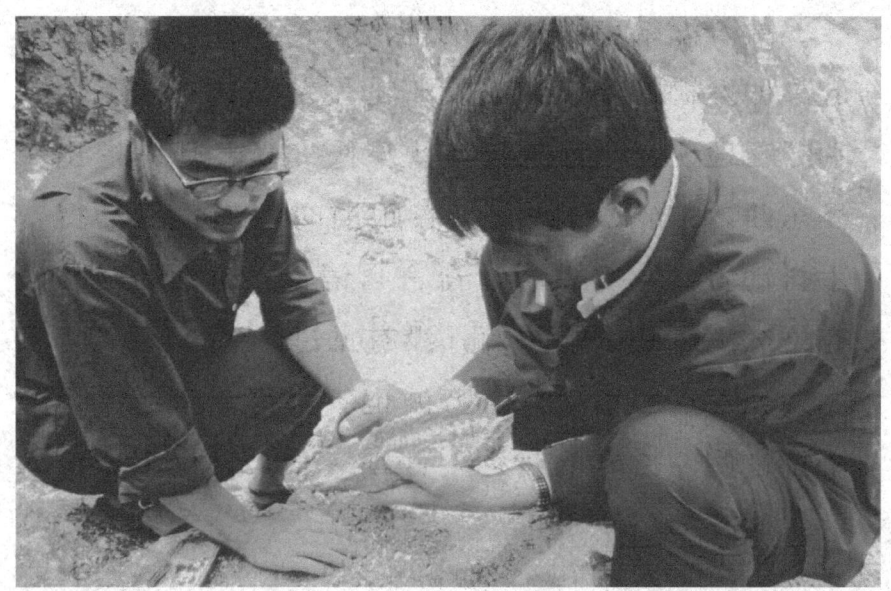

发掘处出现了野猪下颌骨

龙潭

| 和县猿人

　　黄万波结束了桡骨的清洗，正在往回走时，一起参加发掘的陶店镇妇女干部倪萍急速地跑来，气喘吁吁地说："黄队长，快！快！彭春师父挖出个怪东西。"当我们跑到彭春跟前时，彭春激动得双手抖动着，左看右看，自言自语："动物的脑袋没有这么圆，是个啥东西，没有见过。"

　　见了这般情景，黄万波也不由得紧张起来，随手接过倪萍拾到的骨片，仔细一瞧，啊！多么像人

和县猿人头盖骨出土时的情景

第二章
和县猿人的发现

的眉脊骨！再看看彭春捧着的标本，心情更加激动。这时，他又从彭春手里得到另一块碎片，哎！原来两块碎片是一回事，拼在一起，一个非常完整而又十分醒目的眉脊与部分额骨顿时呈现在我们面前。说实在的，当时真有点不敢相信自己的眼睛。是的，没有看错，它正是我们要寻找的"瓢"——猿人头盖骨。

头盖骨出土后，里外被棕红色砂质土填充与覆盖着，并自然破裂成20多块。拿着这些头骨断块，感觉湿乎乎的，加之天气转凉，断块很容易损坏，怎么办？黄万波灵机一动，有了！脱下毛衣，把它们裹起来，晚上放在被窝里。这个37°C的"烤箱"真起作用，三天后骨头全都干了，而且完好无损。

回到北京，黄万波和彭春一起修理了10余天，除蝶骨及一小部分枕骨略有缺损外，其余的均保存完好，拼接后，把它摆在5个北京猿人头盖骨之间，

黄万波将头盖骨放在脱下的毛衣上，准备将它裹起来

龙潭洞标本的完整程度与其相比是毫不逊色的。

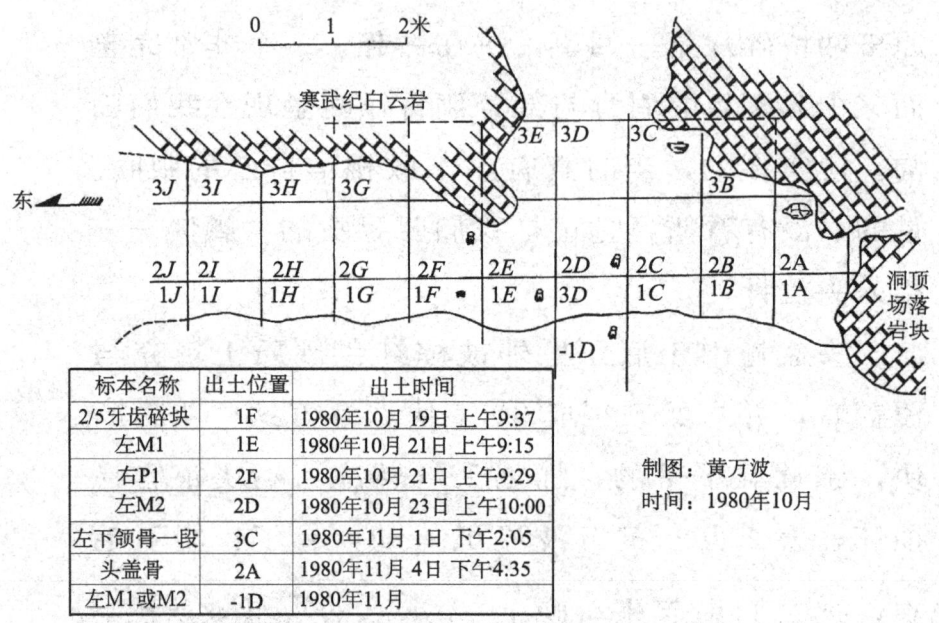

龙潭洞猿人化石出土材料、方位及日期

第三章 和县猿人的长相

第三章
和县猿人的长相

复原和县猿人的长相，说起来容易，做起来较困难。这是因为，复原必须依靠数量充足的标本，然而龙潭洞出土的猿人化石材料相对较少，计有1具头盖骨，1段附连着第2和第3臼齿的下颌骨，11枚牙齿——2枚上内侧门齿、1枚前臼齿、4枚上臼齿、3枚下臼齿和1枚上臼齿。它们分别代表了至少6个个体以上的材料。另外，在整理和县龙潭洞的化石标本时，原本认为是熊的桡骨的一块化石，后来经鉴定为和县猿人的桡骨。

我们在修复中，注意到颅内还保存着填充物，其物质为砂质黏土，胶结度欠佳。经过精心修复和技术处理，整体结构较好地保存了下来，如一个脑模型，上面的动脉前、后支的压迹清晰可见。

| 和县猿人

修复后的和县人猿头盖骨

把以上材料归纳起来，一并考虑，和县猿人的体貌特征大概是：

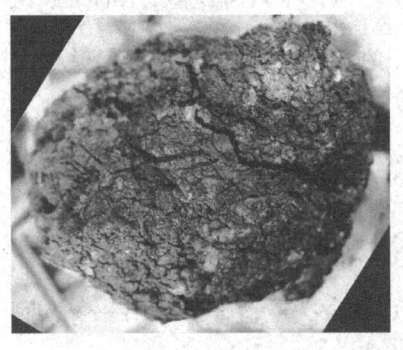

颅内填充物

眉脊、枕脊发达，枕外脊和颞线十分明显，是一位男性个体；

头盖骨短而宽，各骨块之骨缝均未愈合，显示出年龄不大，是一位20

第三章 和县猿人的长相

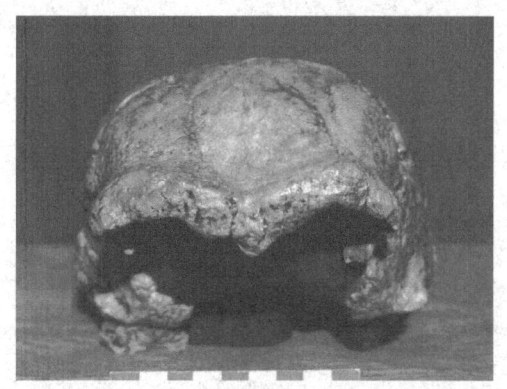
前面观

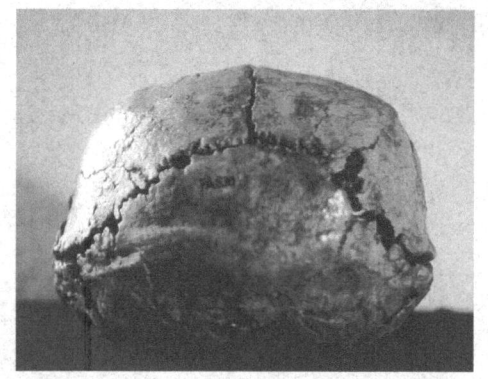
后面观

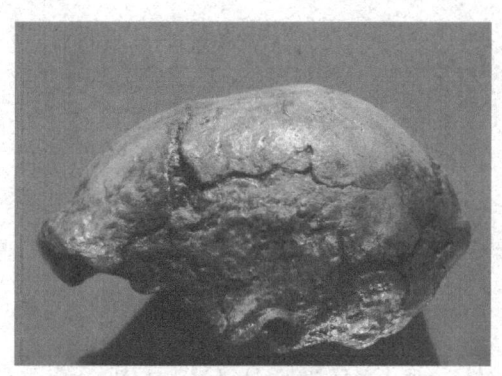
侧面观

顶面观

和县猿人头盖骨

岁开外、脸蛋儿稍圆的青年小伙子；

桡骨长度接近现代人，估计身高一米六上下。

这，就是我们所解读的和县猿人。

他全身不少地方长着毛发，在与同伴交往中遇上某种危险时，立刻从喉部发出具有特定含义的声音，并不断地重复着相同的叫声，以此逃脱险情……

第四章 和县猿人的家园

第四章
和县猿人的家园

和县猿人生活在一个由白云岩溶蚀而形成的洞穴,俗名叫龙潭洞。该洞从形成到衰亡大致经历了以下几个阶段。

一、洞穴溶蚀及扩大阶段

龙潭洞及其邻区出露的岩层,多为寒武系上统观音台组灰色白云岩,其中夹燧石条带或团块;上古生界—中生界出露的岩层为灰岩、砂岩、泥岩和白垩系铺口组浅紫色砂岩。这些岩层,在白垩纪初期的宁镇运动作用下,发生褶皱与断裂,它的北翼下降南翼隆起,使岩层倾角达到 35°～50°,龙潭洞恰好处在断裂的南翼，倾伏背斜的轴部，在地表水和地下水的溶蚀下，久而久之，原来细小的裂缝逐渐扩大，变成了一个东西长、南北窄的洞穴。

初期，洞壁和洞顶受到较强的风化，时有塌落。尤其在东侧，洞顶几乎千疮百孔，因而在洞穴底部出现了一层由物理风化形成的棕黑色风化壳；在西侧，由于还保存着部分洞顶，风化现象较弱，洞底呈现的是一薄层浅色含钙物质。

后期，由于夏季风的影响，湿热化作用增强，整个洞底沉淀了厚薄不均的"钙板"层。在洞穴西侧，不仅有"钙板"层，而且在"钙板"层之上还生长着石笋或穴珠。这些地质现象进一步说明，西侧的洞穴顶板似屋檐突出于洞壁。如此状态的龙潭洞，对于和县猿人来说，是一个极佳的栖息场所。

二、和县猿人迁居龙潭洞阶段

和县猿人迁居龙潭洞后，洞内就充满了勃勃生机。勤劳、勇敢、智慧的和县猿人，凭借强壮的身体，战猛兽，追鹿群，直到夜幕降临，才返回龙潭

第四章
和县猿人的家园

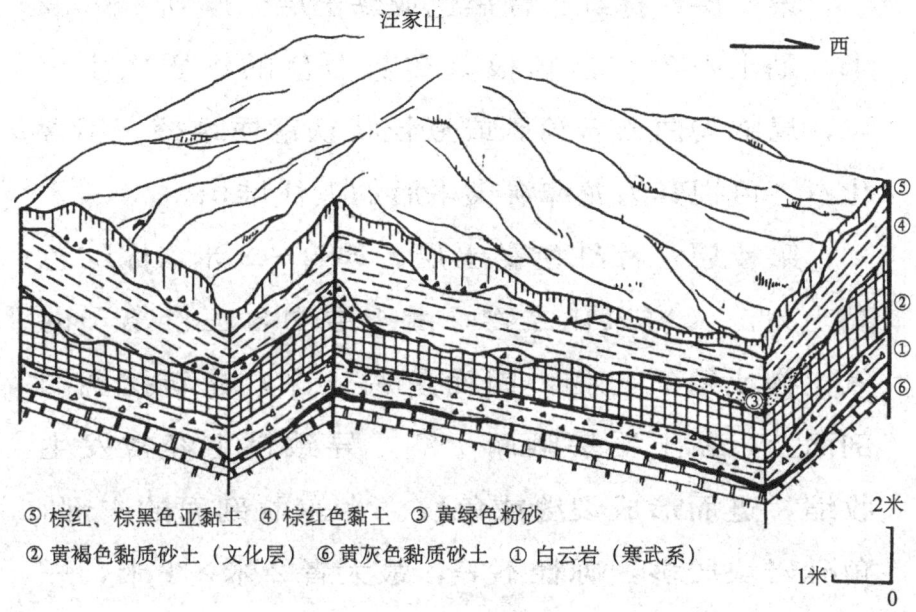

⑤ 棕红、棕黑色亚黏土　④ 棕红色黏土　③ 黄绿色粉砂
② 黄褐色黏质砂土（文化层）　⑥ 黄灰色黏质砂土　① 白云岩（寒武系）

制图：黄万波 1980 年

龙潭洞堆积地层剖面

　　洞的角砾旁，分享辛勤劳动一天所得的硕果，等待长空升起皎洁的明月，迎来又一个黎明的曙光……

　　龙潭洞，就这样为和县猿人生儿育女服务了 25 万年之久。

　　今天，我们发掘出来的大量文化遗存，印证了龙潭洞昔日的辉煌。为了留下龙潭洞堆积地层的时序和猿人活动时期的状态，我们把龙潭洞的堆积地层分为如下 5 层（自上而下），以便对比研究。

第5层：棕红、棕黑色亚黏土层。厚0.4～0.2米。黏土中含有植物根茎和灰白色的钙质次生斑点，局部夹白云岩角砾或豆粒状铁锰质结核，不含化石。可视其为龙潭洞夷平后的近代堆积。

第4层：棕红色黏土层。厚3～2米。棕红色黏土为白云岩风化之物，由于层中含三价离子的氧化物或氢氧化物，因而色调较深，在新挖掘的剖面上，黏土受暴晒而干涸，导致黏土经常发生收缩，进而形成裂缝或龟纹。在东西剖面的中部，角砾岩块居多，砾径不等，最大者2米×1米，一般者0.3米×0.2米。层中化石极少，在中下部的黏土中发现猕猴（Macaca sp.）牙齿一枚，偶尔可见小型哺乳动物肢骨。显然，这是龙潭洞洞顶时有塌落的表现，给猿人之生息造成了极大的威胁。

第3层：黄绿色粉砂层。厚0.3～0.1米。层中颗粒均匀，无杂质污染，其分布范围较窄，仅限于剖面西端，即2B至2A探方内，向东逐渐变薄以至尖灭，层中不含化石。

第2层：黄褐色黏质砂土层（文化层）。厚1.8～0.7米。堆积物呈浅黄色，在洞内的自然分布，东端高西端低，局部倾角超过45°。在堆积厚度上，东端次于西端，在物质成分上，东端含砂量少，透水性弱，因而堆积物潮湿，化石固结较差，易于破损。西端含砂量稍多，出土的脊椎动物化石也较丰富，在 2B～2A 探方内，出土的大型哺乳动物肢骨常常彼此重叠，例如，葛氏斑鹿角和肢骨多达数百件。此外，在同一层位的器物中，还有骨、角、牙制品，猿人头盖骨、下颌骨等即埋藏在这里。一些牙齿、牙床和骨骼呈现被燃烧过的现象。在其周围还有数十件石英砂岩碎片，这类岩石在汪家山是无处可寻的，应该来自较远的滁河阶地。

第 1 层：黄灰色黏质砂土层。厚 1.5 米。该层堆积与第 2 层分布情形大体相似，亦是西端低于东端，这种现象与洞底起伏不平的原始产状有关，其物质来源，包括大小角砾，应视为洞壁早期崩塌之物。

三、龙潭洞衰老阶段

和县猿人自入洞生息至离开此地远走他乡，与洞穴的衰老密切相关。在叙述龙潭洞的形态时我们已指出,这个洞穴没有完好的洞顶,在风雨的长期侵蚀下,仅存的屋檐式的岩块很容易崩塌。

  我们根据洞穴的岩层、节理走向,描绘了龙潭洞从萌生至衰老的演变模式。

(a) 地下水沿裂隙溶蚀阶段

(b) 溶蚀扩大阶段

(c) 古人类活动阶段

(d) 洞穴衰老阶段

龙潭洞演变模式图 (a→b→c→d)

第五章 和县猿人的文化

第五章 和县猿人的文化

在龙潭洞出土的上千件骨片、鹿角和单个牙齿中,我们选择了一些具有人工痕迹的标本,以此作为和县猿人的文化遗存载入史册。

一、骨制品

观察标本50件,其中有人工痕迹的10件,材料为大型哺乳动物的尺骨、桡骨、胫骨、肱骨等破裂的骨片。

(1)小骨椎。材质为鹿类肱骨断块,器身长195毫米,最宽处60毫米,骨壁厚60毫米,一端尖,一端平,加工部位在尖端,有多处锯齿状疤痕。

(2)大骨椎。材质为偶蹄类动物的肱骨,其远端关节部被夷平,近端关节被削成锥形,以利采集。

(3)刮削器。制作者利用哺乳动物管状骨骼断块,在其一侧加工成大小不等的刃口,用于刮削。

(4)盘状器。材质为大型哺乳动物的管状骨断块。制作者在断块周围砸击成盘状,用于刮削。

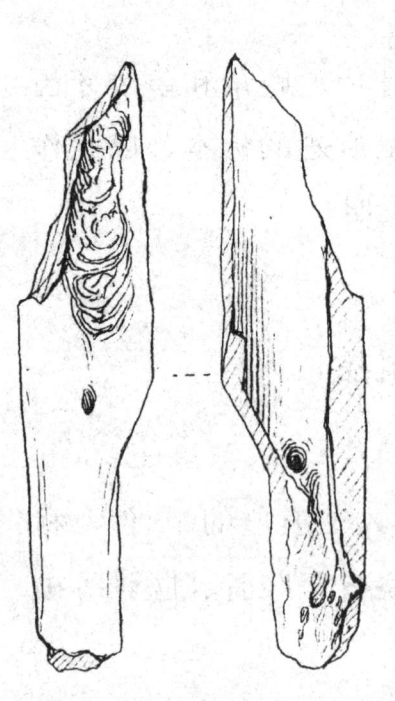

骨椎(一)

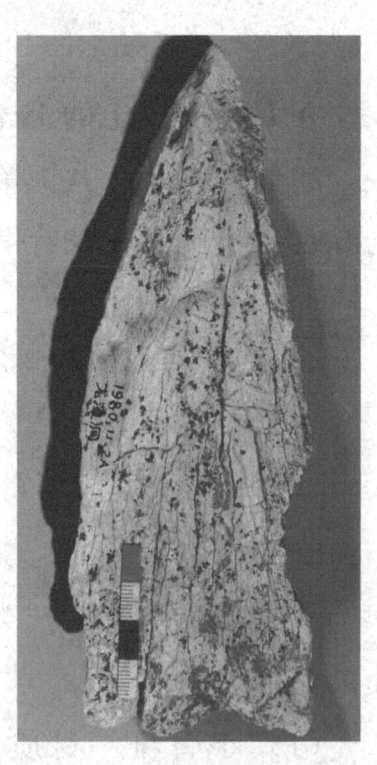

骨椎(二)

第五章
和县猿人的文化

骨质刮削器

 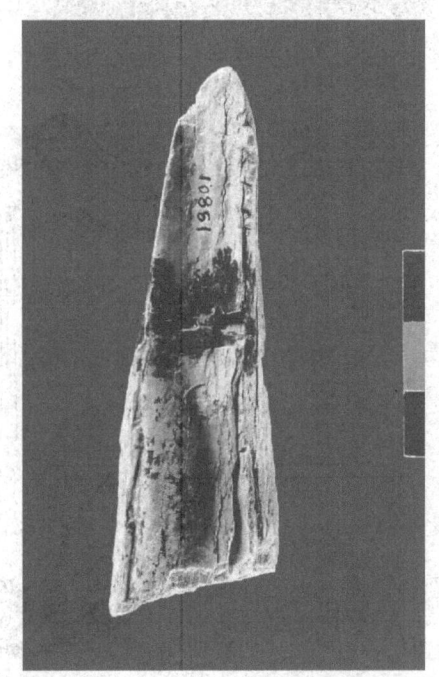

(a) 背面观　　　　　　　　　(b) 复面观

小骨锥

| 和县猿人

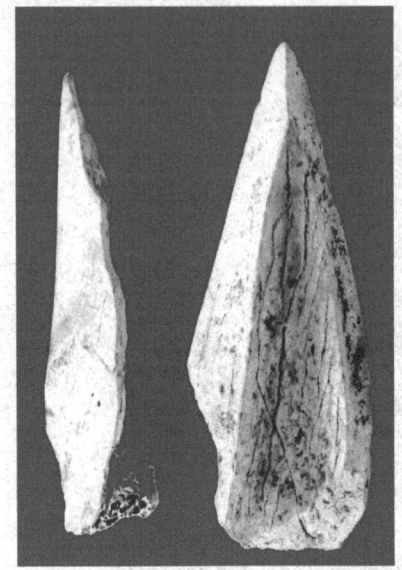 

小骨锥　　　　　　　　　　大骨锥

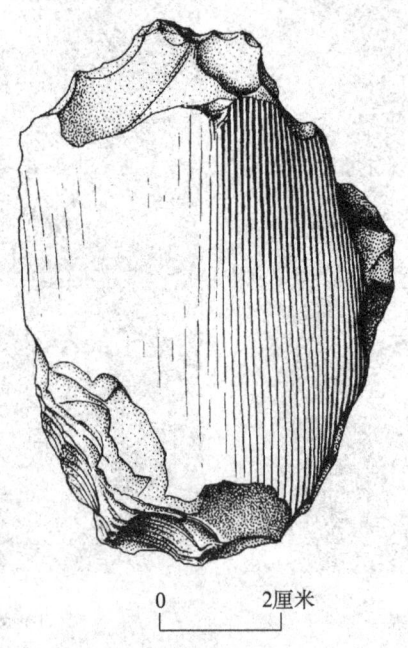

0　2厘米

骨质盘状器

二、角制品

材料为葛氏斑鹿角。我们观察了100余件标本，总体上说，加工步骤是：先折断角环以上的主枝和眉枝顶端，而后打掉其基部的顶骨，接着在折断处两侧进行修理，直至成为器物。在放大镜下观察，这类标本的主枝或眉枝折断处，呈现出清晰的使用过的痕迹。

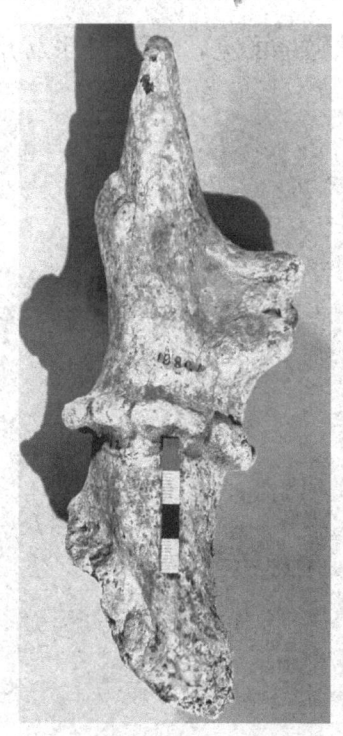

角锥

| 和县猿人

三、牙制品

  龙潭洞出土的牙齿化石有啮齿目、灵长目、长鼻目、奇蹄目和偶蹄目等多种类型，其中最丰富的是鹿类动物牙齿，初步统计有1000余枚，其次是犀类动物牙齿。鹿类动物牙齿数量虽多，但个体小，不适于制作工具。犀类动物牙齿虽然数量较少，但个体大，特别是前臼齿和臼齿。这种牙齿，釉质层较厚，从嚼面观，近于四方形。靠唇边的叫

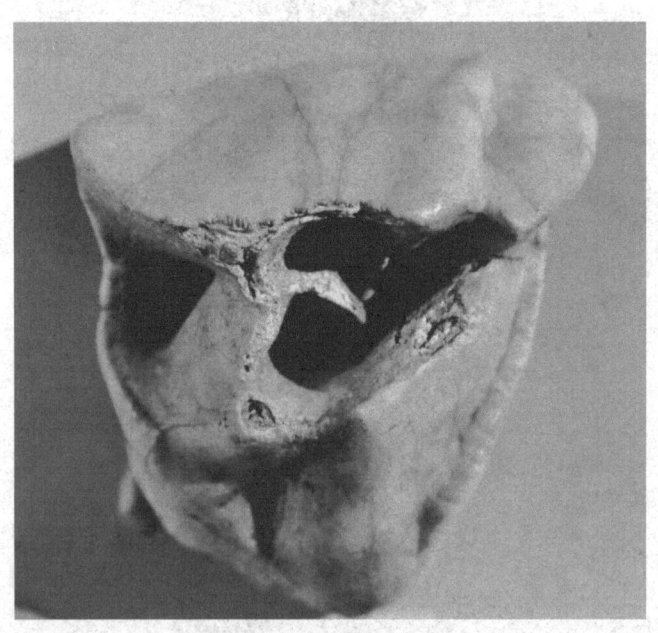

犀上臼齿

第五章 和县猿人的文化

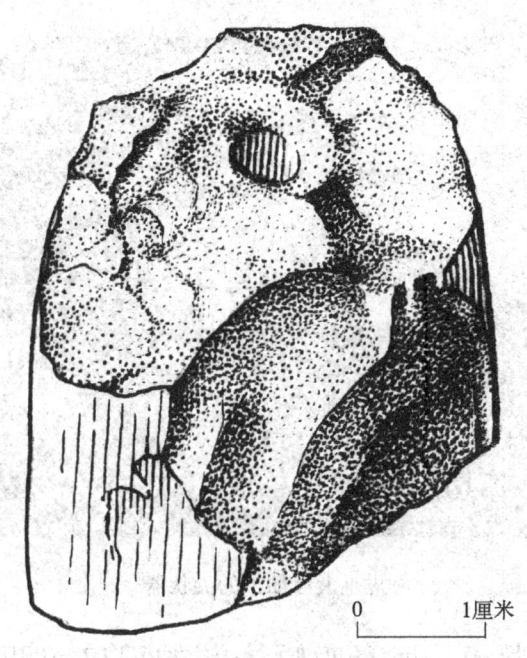

0　　1厘米

虎犬齿冠面上的修理疤痕

外脊，与前牙相连的叫前脊，与后牙相连的叫后脊。外脊相对长而高，前、后脊相对短而矮。一般情况下，无论是外脊，还是前背、后脊，都是不易破损而脱落的。但是，当其在外力作用下，如人工砸击，或者遭受到持续的物理风化时，外脊最先脱落。脱落下来的外脊，不经加工制作，就是一块最佳的牙齿刮削器。其特点是呈板块状，性坚硬，咀嚼一端具有锋利的波形刃口。

　　开始，我们对此类标本没有太注意，后来随着犀类动物牙齿外脊数量的增多，发现不少标本的刃

— 59 —

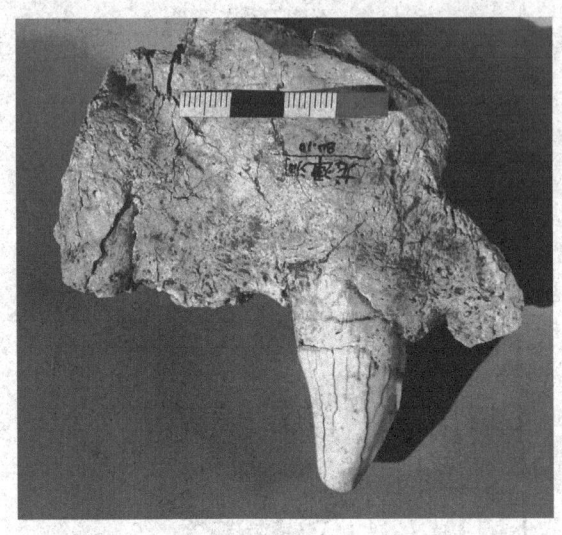

虎上犬齿加工的尖状器

口变得圆滑了，而且咀嚼一端的刃口向两侧和基部扩展了许多。这时，我们才意识到它是和县猿人用于刮削骨肉的刮削器。

经过观察与对比，使用过的犀牛牙齿外脊与未使用过的外脊有着明显的差别：使用过的，波形刃口圆滑，口距向两侧和基部扩展；未使用过的，波形刃口是锋利的，口距未扩展。

和县猿人遗址出土的牙制品中，还有一件是利用虎的前上腭骨及犬齿加工制作的尖状器。

第五章
和县猿人的文化

使用过的犀臼齿外脊

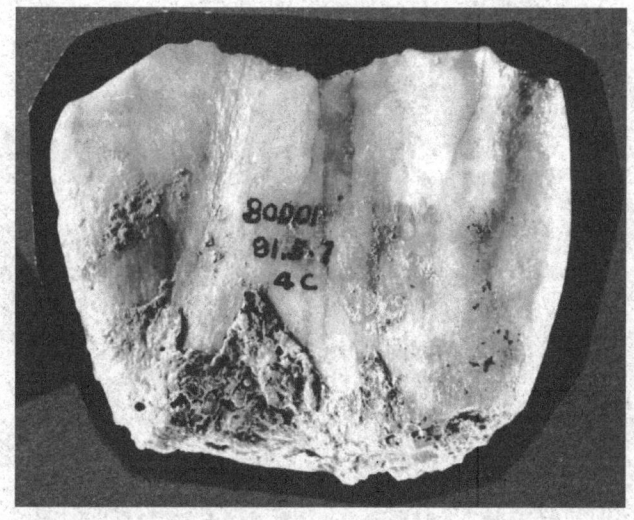

未使用的犀臼齿外脊

四、石制品

我们在龙潭洞发掘期间，特别关注出土物中有无石制品存在，然而至野外作业结束，也未发现令人满意的石制品。也就是说，一件典型的石器，一般都具有台面、打击点、放射线、波浪纹和进一步加工的疤

砍砸器

痕等特征，而龙潭洞的材料恰好缺少这些要素。但是，龙潭洞的不少砾石或石块，其一端或一侧有大小不等的疤痕，个别砾石有台面、打击点等现象。鉴于此，我们对砾石的产状和非自然营力产生的疤痕作了分析：

（1）龙潭洞出土的砾石120件，均采自第2层，它们与骨片混为一体，其间未见流水冲蚀痕迹；

（2）这些砾石非洞内之物，它们的原生层位距龙潭洞有数里之遥；

贾兰坡（右）与邱中郎（左）在和县猿人遗址观察石块

（3）砾石成分计有花岗岩、石英岩和石英砂岩等，其中30%有破裂面。

根据以上情况，为了求其解读，黄万波挑选了几件带疤痕的砾石请教了贾兰坡院士。

贾老观察后对黄说：有的痕迹是人为的，因为痕迹有打击点，有放射波纹，而自然营力，如流水，是不会造成这种现象的（与贾老口头交换意见）。后来，贾老还在百忙中抽空亲临和县猿人遗址，对石制品的属性问题作进一步论证。

第六章 和县猿人遗址的古动物

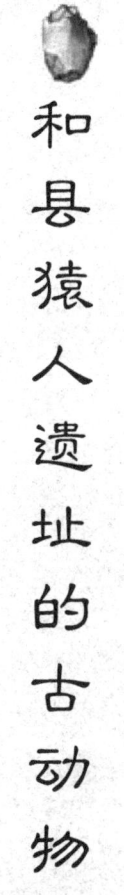

第六章
和县猿人遗址的古动物

和县猿人遗址的古动物相当丰富，主要出自第2层。经过修复与鉴定，计有爬行动物3种，鸟类1种，哺乳动物54种，可归属29科41属。其中较为丰富的是偶蹄类的葛氏斑鹿，说明这种鹿在和县猿人动物群中是处于优势的物种。现按各类动物的生物学系统分类作一简述。

1. 化石钝吻鳄（*Alligator fossilis*）

和县猿人遗址出土的化石钝吻鳄材料包括牙齿、牙床和骨板等20多件。这种鳄的特征表现在：牙齿齿槽比中华扬子鳄（*Alligator sinensis*）长；牙齿分化程度也较中华扬子鳄低，但下颌支夹角却较中华扬子鳄宽阔；下颌联合缝后部的位置，化石

化石钝吻鳄齿骨，外侧观

化石钝吻鳄齿骨，内侧观

钝吻鳄可到达第 5 齿，而中华扬子鳄在第 4 齿；下颌支前部夹角，化石钝吻鳄广于中华扬子鳄。研究者根据这些形态特点，把和县猿人遗址的化石鳄与现生的中华扬子鳄区别开来，订立了一个新名，叫化石钝吻鳄。

世界上的钝吻鳄，目前只有两个现生种：一个

第六章
和县猿人遗址的古动物

化石钝吻鳄骨版，背面观

化石钝吻鳄牙齿，侧面观

是东亚的中华扬子鳄；另一个是美洲的密西西比鳄（Alligator mississippiensis）。龙潭洞的化石钝吻鳄与这两种鳄相比，特征如上述，均有所不同。丛林玉先生认为，在演化时序上，龙潭洞的化石钝吻鳄应介于中华扬子鳄与密西西比鳄之间，而在生物系统演化上，化石钝吻鳄应该是中华扬子鳄的直接祖先。

| 和县猿人

安徽省和县龙潭洞鳄化石的发现，为揭开中华扬子鳄的由来提供了直接证据。或者说，化石钝吻鳄与中华扬子鳄是一脉相承的，它们在安徽这片沃土上生息、繁衍直至今天。

2. 猕猴（*Macaca* sp.）

猕猴的材料不多，有一段下颌骨及一枚犬齿。

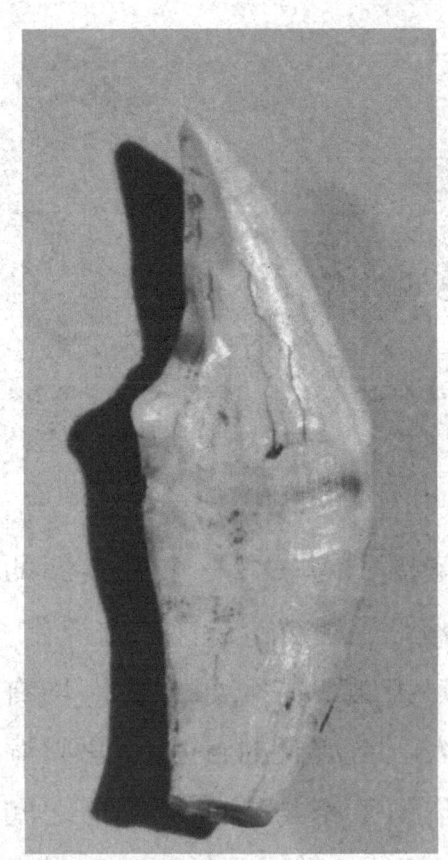

猕猴犬齿，侧面观

颌骨上的牙齿为长方形，中裂沟浅，齿尖嚼面磨耗严重，已暴露出牙本质。犬齿冠面舌侧亦有所磨耗。从其磨耗程度看，两者非同一个体。龙潭洞有猕猴出现，表明汪家山一带有森林和灌丛。

3. 似犬狼（*Canis cyonoides*）

狼是一种喜欢群居的食肉类动物，它们一遇猎物，便群起而攻之。和县猿人要是与群狼相遇，也许会礼让三分，而后远离。但是，要是一只狼闯入他们的视线，这只狼或许九死一生。

和县猿人遗址出土的狼化石极少，仅有一件带有 3 枚牙齿的左侧下颌骨。颌骨体比较粗壮，下第 1 臼齿的三角座和跟座也大。现生狼的这些特征，略比龙潭洞者为小。

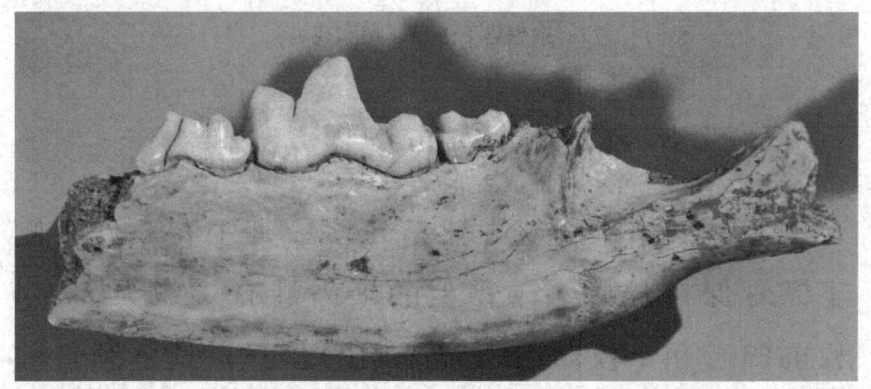

似犬狼下颌骨，颊侧观

4. 中华貉 (*Nyctereutes sinensis*)

貉的材料有一件下颌骨和几枚单个牙齿。说到鉴别貉与狼的标志，从宏观上说，貉的下颌体底缘近于平直，从前往后颌骨体逐渐增高，角突下方有次角突。而狼的下颌体底缘不平直，从前住后颌骨体略微增高，角突下方无次角突。龙潭洞标本归属貉是无疑义的。

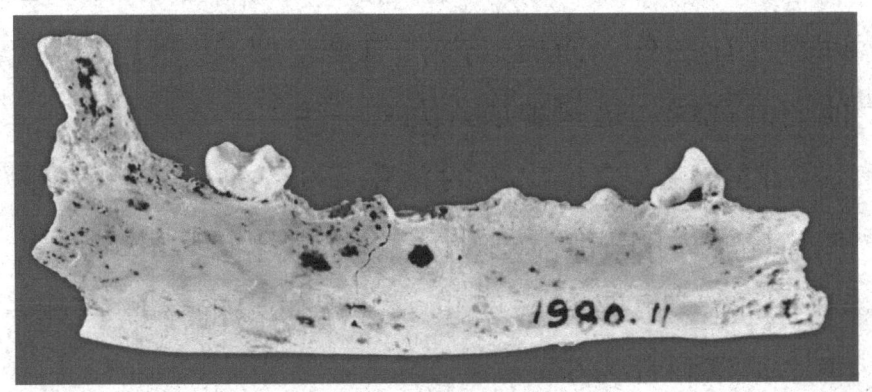

中华貉下颌骨，颊侧观

5. 北豺 (*Canis alpinus*)

龙潭洞出土的豺类化石较多，其中有一件左侧下颌骨保存较好。颌骨上的牙齿计有1枚犬齿、4枚前臼齿和1枚臼齿。龙潭洞的北豺，其下颌骨前端联合部的位置从门齿一直延伸至第2前臼齿下方，颌骨上的外侧各有一颏孔。龙潭洞标本与爪哇豺（*Canis jovonicus*）相比，牙齿较强壮，下颌联合部稍长。

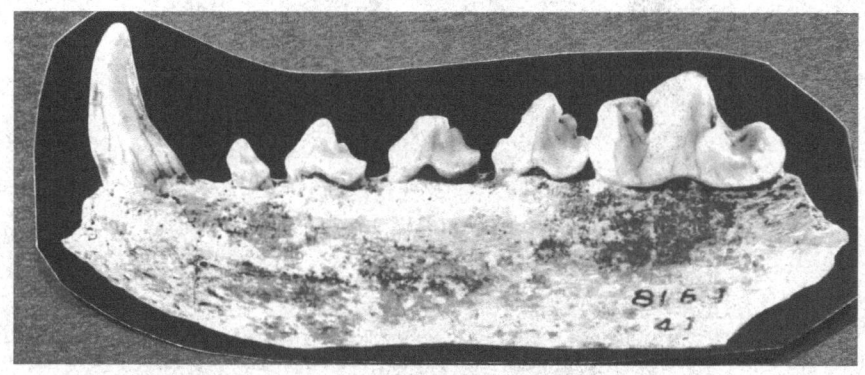

北豺下颌骨，舌侧观

6. 大熊猫（*Ailuropoda melanoluca*）

材料仅有一枚下第 3 臼齿。从齿冠的长相看，嚼面上布满了大小不等的釉质凸起，周边有闭合的棱脊。

大熊猫化石在我国的分布十分广泛，几乎遍及华南各省，但是在我国东部地区的江淮平原，其记录尚少。和县龙潭洞大熊猫化石材料虽然有限，但是它扩大了大熊猫在华东地区的地理分布。

大熊猫牙齿，嚼面观

7. 棕熊（*Uusus arctos*）

材料有 4 件上颌骨和 1 件下颌骨。

龙潭洞的棕熊化石，其个体比现生棕熊大，比周口店北京猿人洞的棕熊略小。这里指出的大与小，主要是根据牙齿形态判断的。例如，上第 4 前臼齿，龙潭洞标本的长度为 18.8 毫米，宽度为 15.3 毫米；北京猿人洞者，长度为 20.0 毫米，宽度为 15.7 毫米；现生种者，长度为 12.0 毫米，宽度为 9.0 毫米。龙潭洞标本的下第 1 臼齿，长度为 29.0 毫米，宽度为 14.0 毫米；北京猿人洞者，长度为 29.7 毫米，宽度为 15.7 毫米；现生种者，长度为 19.0 毫米，宽度为 9.0 毫米。

通过牙齿形态比较可知，龙潭洞棕熊介于周口店北京猿人洞棕熊与现生棕熊之间。在生物学系统分类上，龙潭洞标本仍然是棕熊大家族的成员。

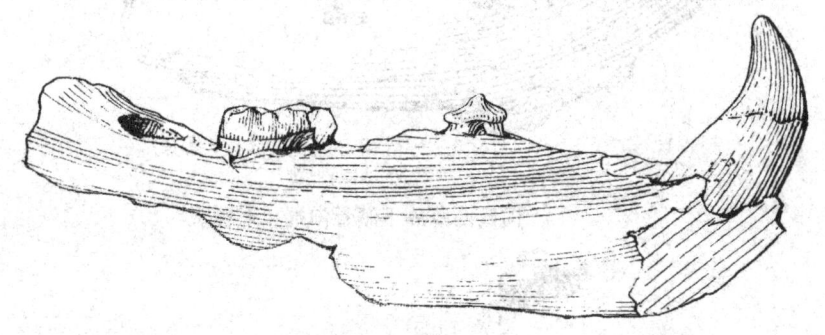

棕熊下颌骨，舌侧观

8. 柯氏西藏熊（*Ursus thibetanus kokeni*）

龙潭洞出土的柯氏西藏熊，其材料有上颌骨、下颌骨和牙齿，但标本都比较破碎。这是一种个体较小的熊，其大小与现生黑熊相当。

柯氏西藏熊的上第 4 前臼齿，前面的齿尖粗壮，主尖位置居中，不像棕熊那样位置靠后；下第 1 臼齿由三角座和跟座组成，三角座长，跟座短而宽。这些特征，符合 1953 年柯柏特和郝亦阶（Colbert et Hoorijer）对重庆万县盐井沟柯氏西藏熊记述的要点。

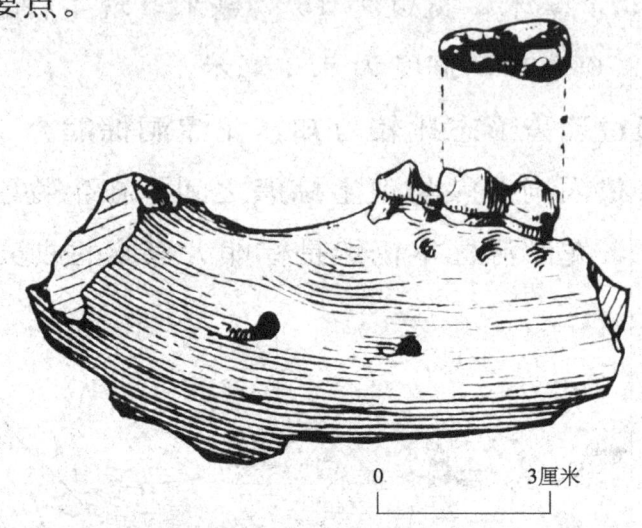

柯氏西藏熊下颌骨前端，颊侧观

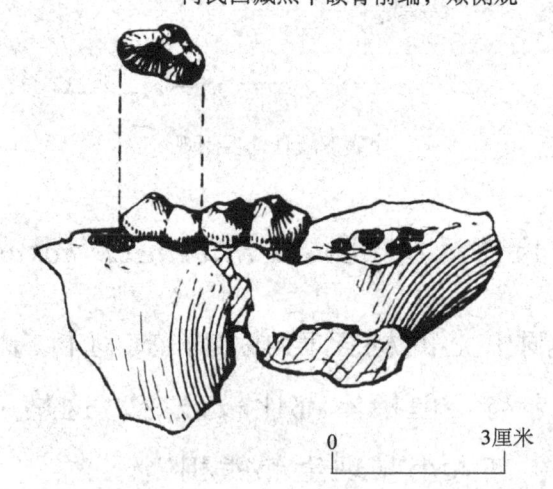

柯氏西藏熊上颌骨断块，侧面观

9. 狗獾（*Meles leucurus*）

材料有 1 件上颌骨、2 件下颌骨。狗獾的下颌骨粗而短，下第 1 臼齿三角座与根座之长短相当；

跟座盆形，周边有多个小齿尖。

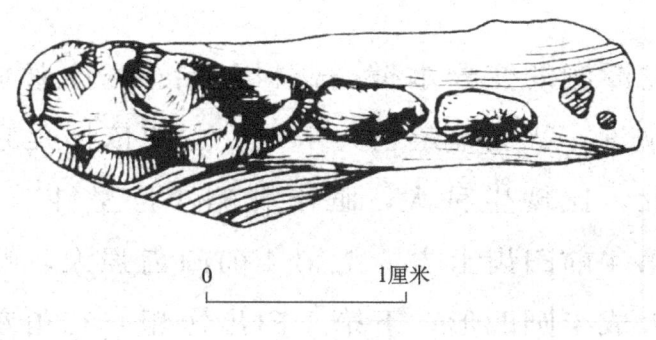

狗獾下颌骨，嚼面观

10. 突吻猪獾（*Arctonyx collaris rostratus*）

顾名思义，这是一种嘴巴非常突出的獾，它的原产地在重庆万县盐井沟。这种獾的标志是它的第1前臼齿存在，而其他獾的则不稳定，有时存在，有时退化。除此之外，突吻猪獾的下颌骨相当高，颌骨体略为肿厚。

突吻猪獾下颌骨，颊侧观

11. 变异水獭（*Lutra lutra variabilis*）

龙潭洞的变异水獭，材料包括1段上颌骨及1段下颌骨。我们鉴定它为水獭，主要依据是它的颧弓粗壮，比现生种大，眶下孔略小，呈钝三角形，位于第4前臼齿上方。上第4前臼齿强大，嚼面主尖扩大成半圆凹形；下第1臼齿短粗，三角座与跟座等长，在齿冠周围有齿带。这些性质都反映出龙潭洞的水獭不同于现生种。例如，上第4前臼齿，龙潭洞标本的长和宽分别为12.0毫米和11.0毫米，现生种为11毫米和10毫米。

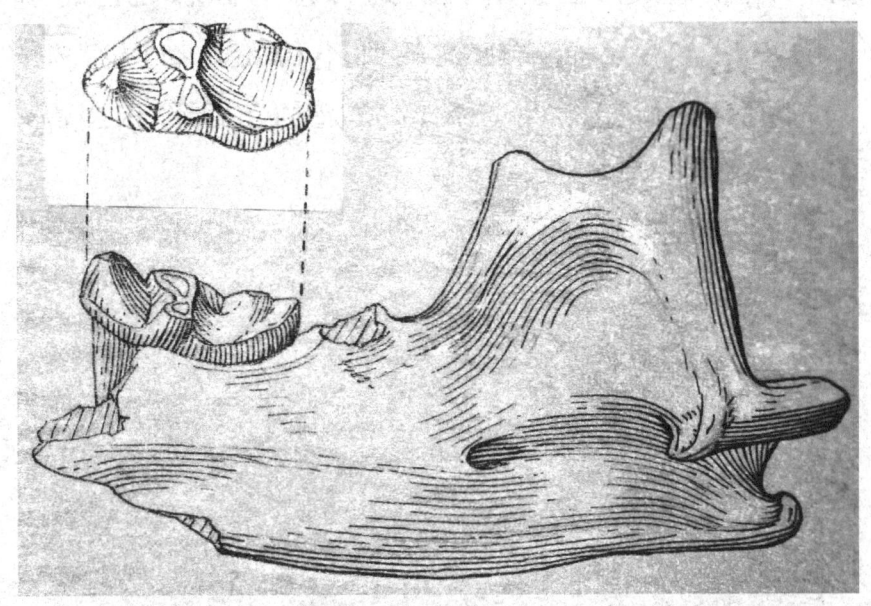

变异水獭下颌骨，颊侧观

第六章
和县猿人遗址的古动物

12. 獾形獭（*Lurta melina*）

獾形獭标本有 2 件下颌骨。颌骨短而高，骨体厚实，底缘圆滑，颏孔 2 个。下第 1 臼齿的三角座与跟座等大，其上的齿尖发育。

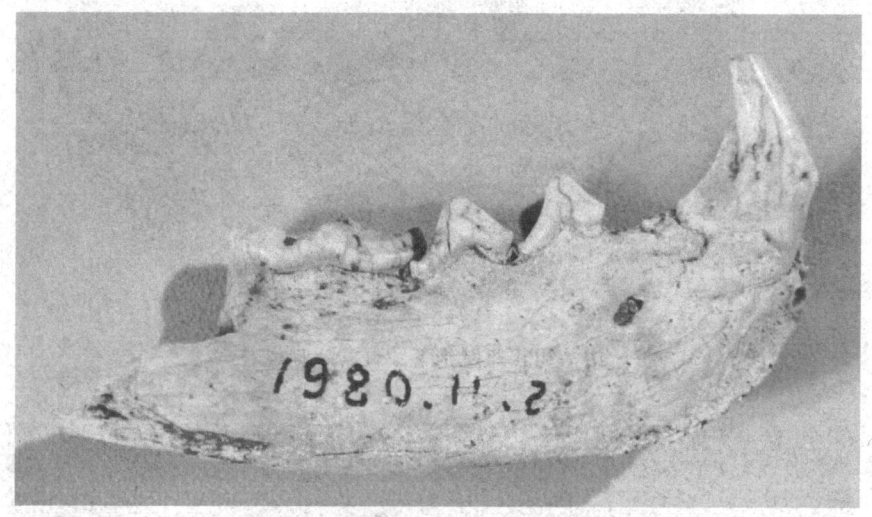

獾形獭下颌骨，颊侧观

13. 中华粗状斑鬣狗（*Pachycrocuta sinensis*）

龙潭洞出土的中华粗状斑鬣狗化石计有上下颌骨和单个牙齿 20 余件，其中下颌骨数量较多，保存也好。

中华粗状斑鬣狗化石的主要特征，拿牙齿来说，在齿冠的釉质层外面有纵向的生长线，上第 4

前臼齿特别粗大，主齿尖发达，下第 1 臼齿发育成叶片状，刃口锐利。了解了这些性质，就易于将其与虎、豹区分开来。

中华粗状斑鬣狗下颌骨，颊侧观

中华粗状斑鬣狗粪化石

中华粗状斑鬣狗是一种喜爱吃腐肉或尸骨的食肉动物，它的粪便中由于含有骨屑，易于形成粪化石。我们在龙潭洞第 2 堆积层就挖掘出不少粪化石，在显微镜下观察，除了骨渣外，还有鼠类动物的牙齿。

鬣狗类动物在东亚早已绝迹，然而鬣狗化石在东亚的分布却十分广泛，从 1000 万年前的中新世至 1 万年前的更新世晚期，无论是河湖沉积，还是洞穴堆积，都能见到其足迹。

中华粗状斑鬣狗下颌骨(幼年个体)，嚼面观

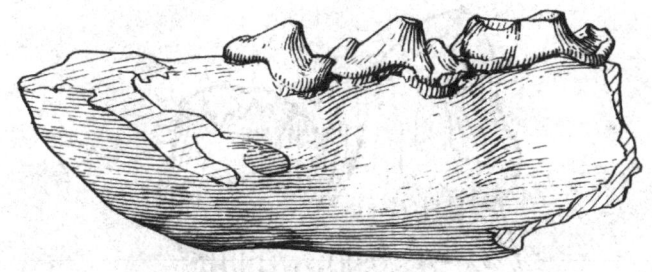

中华粗状斑鬣狗下颌骨(幼年个体)，舌侧观

14. 虎（*Panthera tigris*）

虎的材料十分有限，仅 8 枚牙齿。标本虽然少，但表明了在龙潭洞汪家山一带的森林边缘和岩穴附近，时有虎在活动。

和县猿人

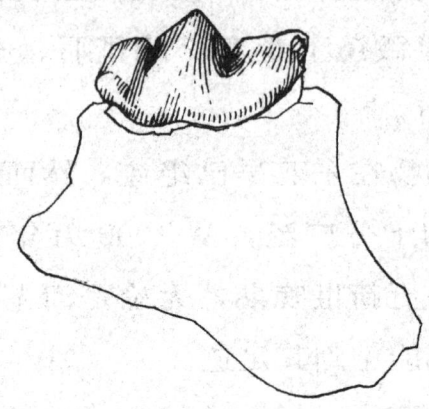

虎上第4前臼齿，颊侧观

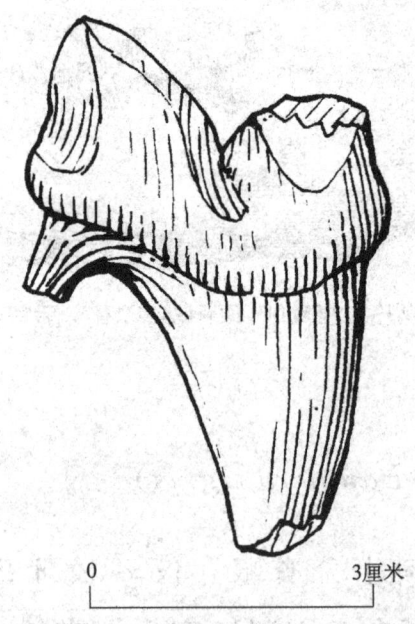

虎下第1臼齿，颊侧观

第六章
和县猿人遗址的古动物

15. 更新猎豹 (*Sivapanthera pleistocaenicus*)

猎豹善于奔跑，平均时速达到 90 公里以上。猎豹除了善于奔跑外，还是一位猎手和畜存手。确切地说，猎豹捕获到猎物后，不急于将其吞食掉，而是收藏在树杈上，待日后充饥。

龙潭洞的猎豹化石与和县猿人处在同一个层位，说明猎豹与猿人在 25 万年前的那个年代，是生活在同一个生态圈里的。那么，猎豹既然是奔跑冠军，和县猿人是怎样捕获它们的？这样的疑惑，我们是难于解读的，要待读者去思考，去探索……

龙潭洞的猎豹材料，有残缺的上颌骨和下颌骨。这里记述的是一件带有第 3、第 4 前臼齿和第 1 臼齿的下颌骨。第 4 前臼齿的原尖宽大，前、后附

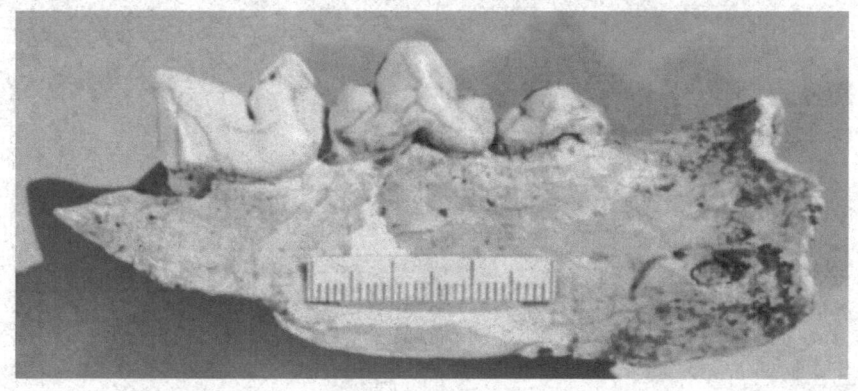

更新猎豹下颌骨，颊侧观

尖等大。下第1臼齿前叶低于后叶。这些特征有别于现生豹。因为现生豹的第4前臼齿的原尖相对小，前附尖略小于后附尖。

16. 小野狸（*Felis microtis*）

龙潭洞的狸化石材料，有一段左侧下颌骨，其上带有第4前臼齿和第1臼齿。臼齿的前叶低于后叶，前臼齿的前、后附尖发育。从大小上说，龙潭洞的野狸比现生野狸小。例如，龙潭洞标本的第1臼齿长9.0毫米，宽3.5毫米；现生野狸者长14.0

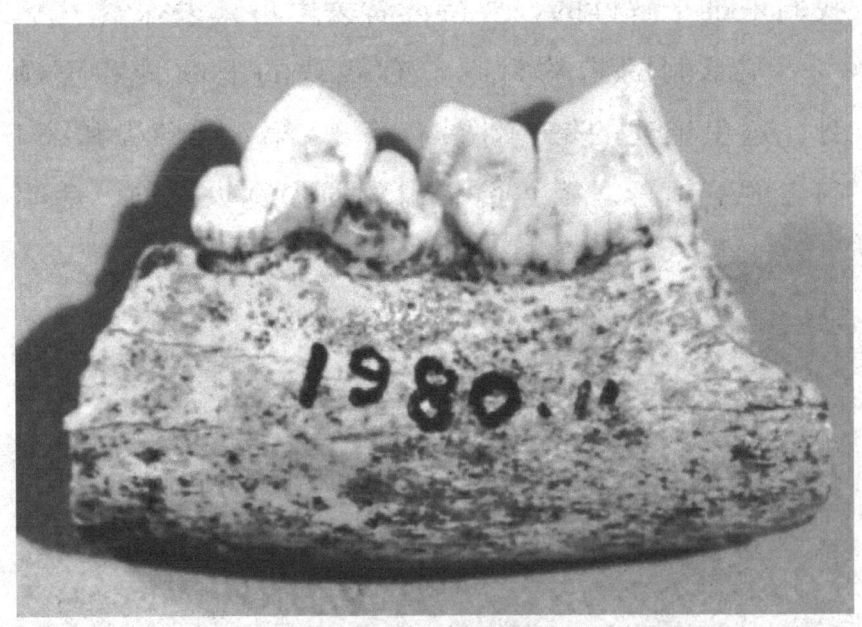

小野狸残破下颌骨，颊面观

毫米，宽 7.8 毫米。龙潭洞标本的第 4 前臼齿长 7.8 米，宽 3.5 毫米；现生野狸者 12.5 毫米，宽 4.5 毫米。据此对比，称龙潭洞标本为小野狸是恰当的。

17. 锯齿似剑齿虎（*Homotherium* cf. *crenatidens*）

剑齿虎是一种极其凶猛的食肉动物，它的两枚上犬齿呈弯刀状，刃缘有锯齿。和县猿人能与它朝夕相处，实在不易！

龙潭洞出土的剑齿虎材料有 4 枚牙齿。其中有 2 枚是剑齿虎特有的牙齿：1 枚上第 4 前臼齿；1 枚下第 1 臼齿。研究者把这 2 枚牙齿称为"裂齿"。所谓裂齿，就是指它具有锋利的刃口，用于切割。

剑齿虎在地球上早已灭绝，其化石在我国新生代地层中时有发现，就更新世时期来说，在重庆巫山龙骨坡、河北泥河湾、云南元谋、山西临汾、北京周口店第 12 地点、河北贾家山、江苏溧阳、陕西公王岭、北京周口店第 1 地点、北京周口店第 9 地点、湖北龙骨洞、湖北白龙洞、安徽巢县、辽宁庙后山和龙潭洞等都出土过剑齿虎化石。其种类有泥河湾巨颏剑齿虎（*Magantereon nihowanensis*）、中间巨颏剑齿虎（*Magantereon inexpectatus*）、蓝田巨颏剑齿虎（*Magantereon lantianensis*）、溧阳似剑齿虎（*Homotherium liyanensis*）、锯齿似剑齿虎（*Homotherium* cf. *crenatidens*）和最后似剑齿虎（*Homotherim ultima*）等。

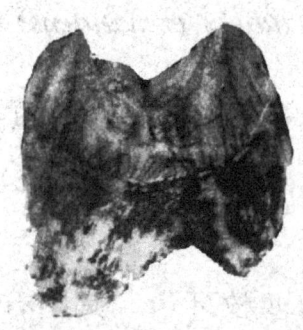 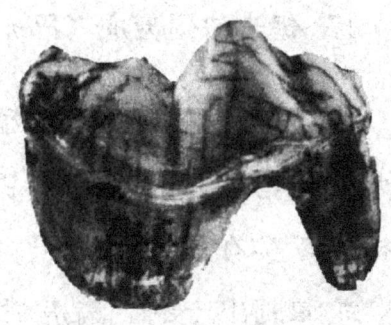

锯齿似剑齿虎，上第4前臼齿　　锯齿似剑齿虎，下第1臼齿

18. 东方剑齿象（*Stegodon orientalis*）

东方剑齿象是一位名叫欧文（Owen）的外国学者于1870年研究定名的，据说，欧文研究的化石材料是来自重庆三峡地区某个岩洞，没有地层记录，也无时代标志。史料记载，这种象是东亚地区的特有物种，生活在距今1万年的更新世。有关这种象的地理分布，主要集中在秦岭以南的广阔地域，尤其是长江大三峡地区。2008～2010年在重庆万县平坝一个石灰岩洞穴中，先后挖掘出三具比较完好的东方剑齿象骨架便是例证。

第六章
和县猿人遗址的古动物

　　和县猿人遗址的东方剑齿象化石材料较少，仅出土了几枚牙齿，且都是乳齿，其齿脊数为6～7个，每个齿脊有4组大小不等的齿突。这是剑齿象的标志之一。龙潭洞东方剑齿象的发现，为该物种在华东地区的地史分布增添了新的地点。

东方剑齿象乳臼齿，嚼面观

19. 马（*Equus* sp.）

　　马的材料有1枚牙齿和1个指节骨。牙齿中附尖不折叠，齿冠嚼面的褶曲中等发育；指节骨长大

和县猿人

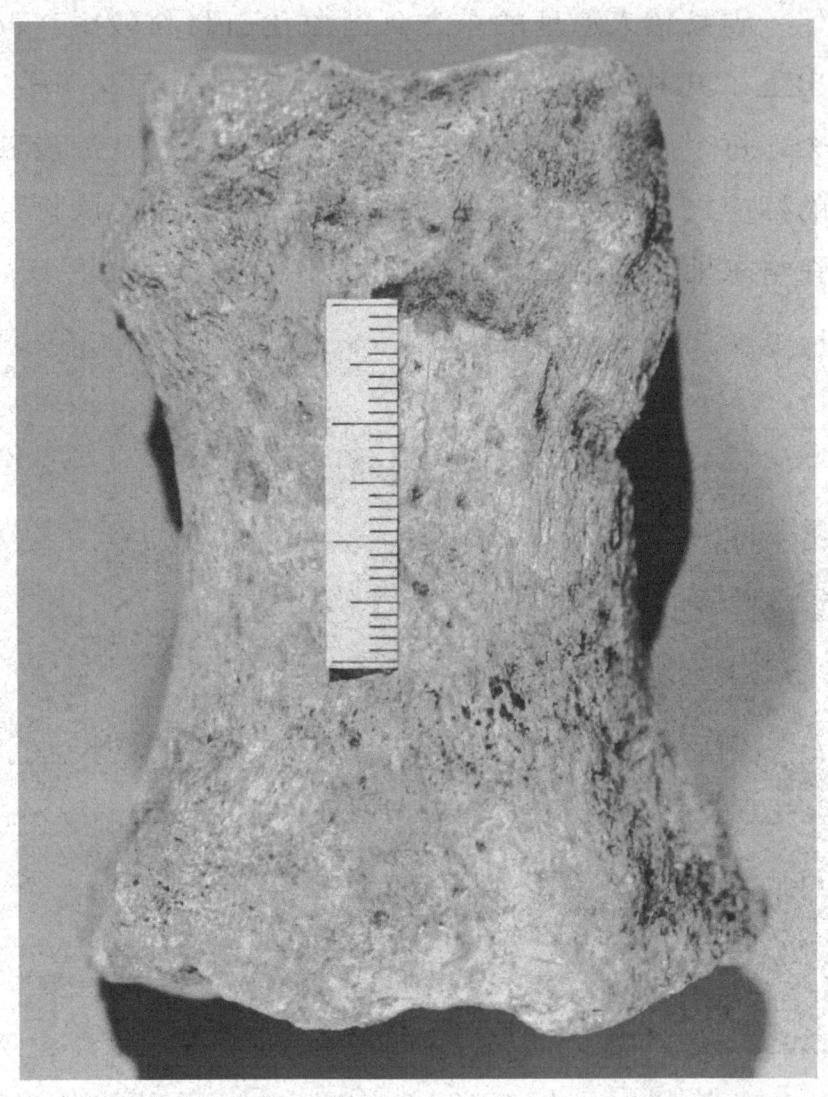

马指节骨，背面观

于宽，远端有两个髁突，近端由一直沟分为两个关节面。马是善于奔跑的食草动物，龙潭洞马化石的出土，说明和县猿人生活时期的汪家山一带有湿地

— 88 —

和草原。

20. 中国貘（*Tapirus sinensis*）

材料有1枚上臼齿。该牙的原脊和后脊弯曲度小，从舌侧谷口向唇侧伸展，并与外脊基部相连。牙齿的形态结构，比巨貘略原始，个体也小。

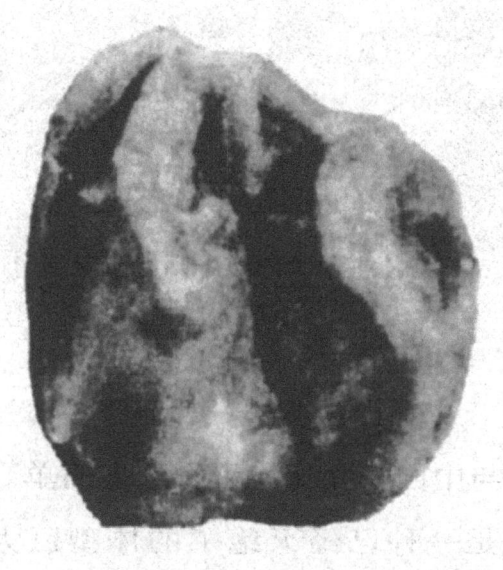

中国貘上臼齿，嚼面观

21. 巨貘（*Megatapirus augustus*）

材料有2枚牙齿。其冠部完好无损，牙齿前后长大于左右宽，前、后脊清晰可辨，跟座小，边缘

和县猿人

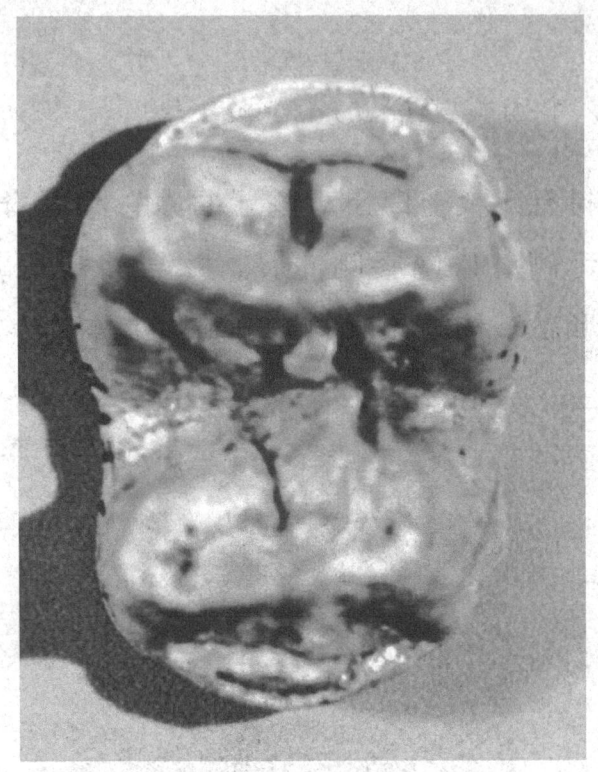

巨貘下白齿，嚼面观

光洁。它与中国貘相比，齿脊形态简单。

　　巨貘是一种已经灭绝了的体型巨大的貘，其个体比现代最大的貘——印度貘还要大 1/3，生活习性近于现代的河马，其化石广泛存在于我国南方中、晚更新世的地层之中。但巨貘与中国貘化石在同一个地点、同一个层位出土的现象，在我国第四纪哺乳动物化石地点的记录中尚少，如果没有遗漏，只有两个地点，一个是陕西公王岭

第六章
和县猿人遗址的古动物

蓝田猿人遗址,另一个是本书记述的安徽和县猿人遗址。

22. 和县双角犀(*Dicerorhinus hexianensis*)

犀牛不是牛,河马不是马。人们常常把长有角的犀称为犀牛,这是不对的。在生物学系统分类上,犀属奇蹄目,牛归偶蹄目。再说,尽管它们的头上都长有角,可是长角的位置却大不相同:犀的角,一个生长在额头上,一个生长在鼻梁上;而牛角的生长位置,则是在顶骨的左右两侧。还有,犀角的成分不是像一些人想象的那样是由骨头组成的,而是由一些排列密集的角纤维丝组成的。如同人的头发和指甲、动物的爪子和蹄一样,都是角蛋白,一旦埋藏于地下,在细菌的作用下很快会变质腐烂。也就是说,犀角、头发、爪和

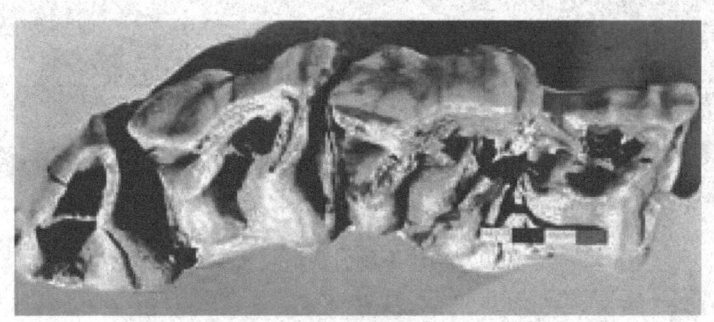

和县双角犀上齿列,嚼面观

蹄形成不了化石。明白了这些道理，我们在玩动物游戏时，就不会把犀和牛视为一家了。

和县猿人遗址出土的双角犀化石，材料较为丰富，有牙齿和颅后骨骼，其中牙齿较多。在100多枚牙齿中，有的还彼此连接成齿列。

黄万波认为，和县双角犀的特征是：鼻、额上长角，颊齿高冠，外表光洁，牙齿中谷封闭。在秦岭以南地区，常常发现一种中国犀的化石，这种犀是一种接近于现代印度犀的独角犀，它的齿冠小且低，前臼齿谷口是开放的。而和县双角犀的牙齿大，齿冠也高，前臼齿谷口是封闭的。由此可见，中国犀与和县双角犀是不同的物种。

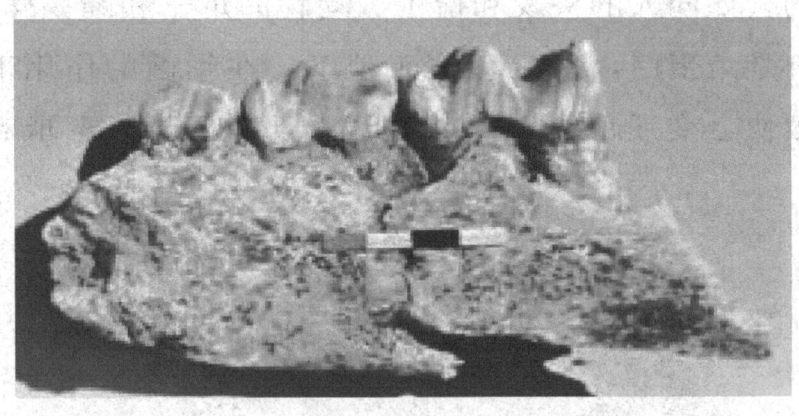

和县双角犀下颌骨前段，舌面观

第六章
和县猿人遗址的古动物

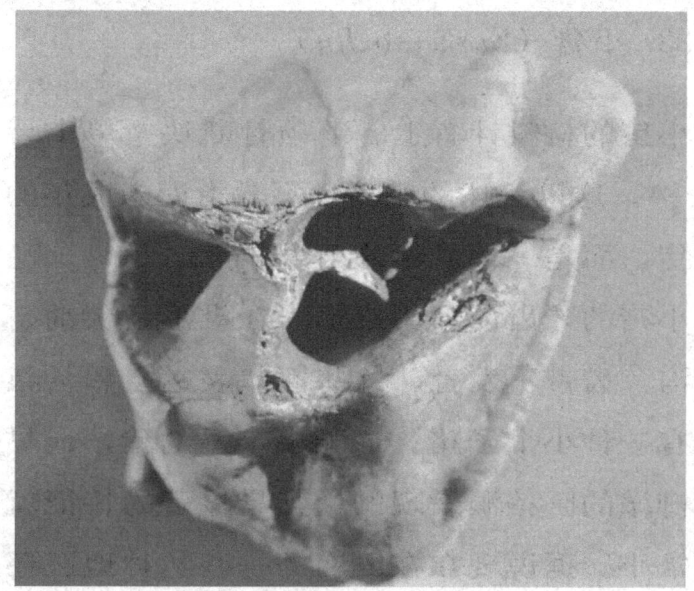

和县双角犀上前臼齿，嚼面观（一）

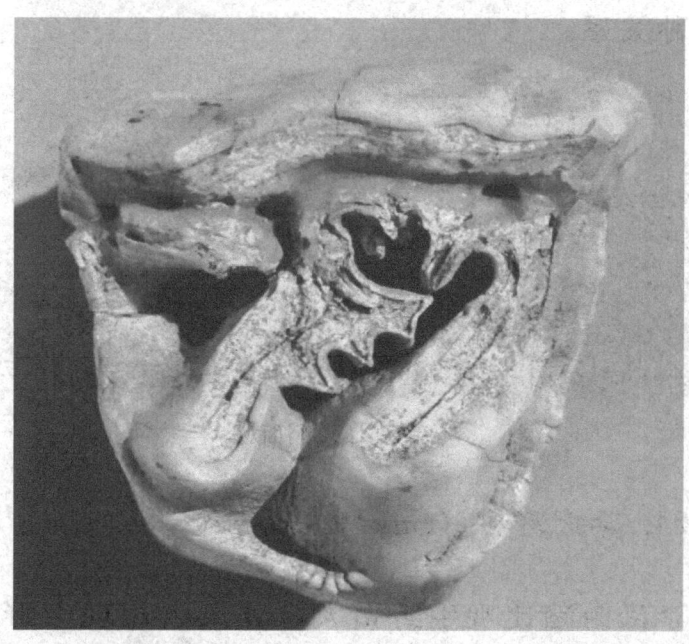

和县双角犀上前臼齿，嚼面观（二）

23. 小猪 (Sus xiaozhu)

小猪的材料计有上、下颌骨断块及单个牙齿等10余件。这里记述的小猪，不是指尚未成年的幼年个体猪，而是一种成年的小个子猪。

小猪的牙齿齿尖为锥形，在锥形齿尖前、后缘有纵沟，齿带不发育。这些性状表达了和县猿人遗址确有一种小个子猪。这种小个子的猪，最早是在广西柳城的巨猿洞发现的，其最显著的特征就是个体非常小。据说现在在云南的一些丛林地区还生存着一种个体很小的野猪，这种野猪和小猪之间也许有某种关系。

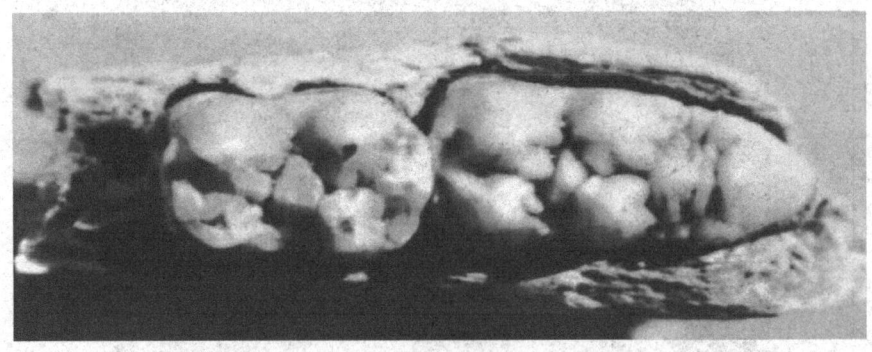

小猪下臼齿，嚼面观

24. 李氏野猪 (Sus lydekkeri)

李氏野猪比现生野猪大，其犬齿比现生野猪的发达，下颌骨也壮实。

第六章
和县猿人遗址的古动物

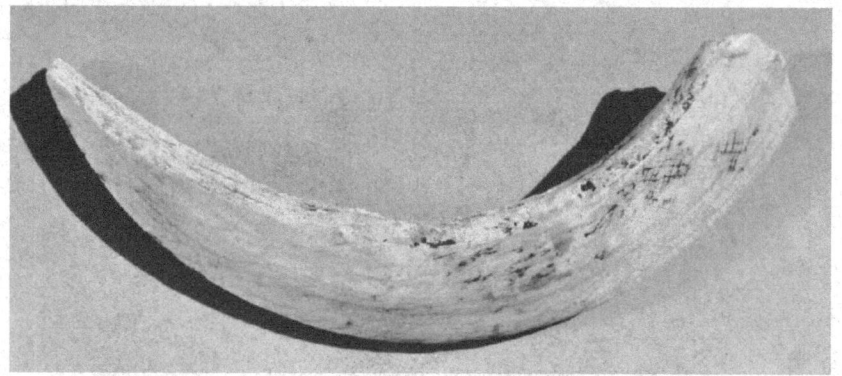

李氏野猪下犬齿，外侧观

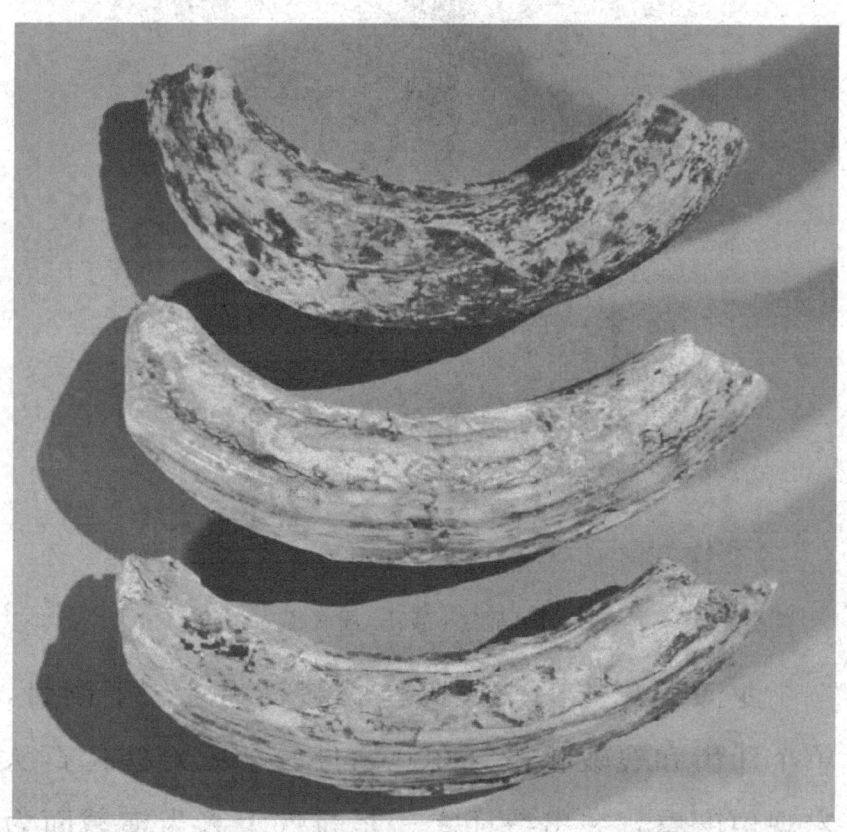

李氏野猪上犬齿，外侧观

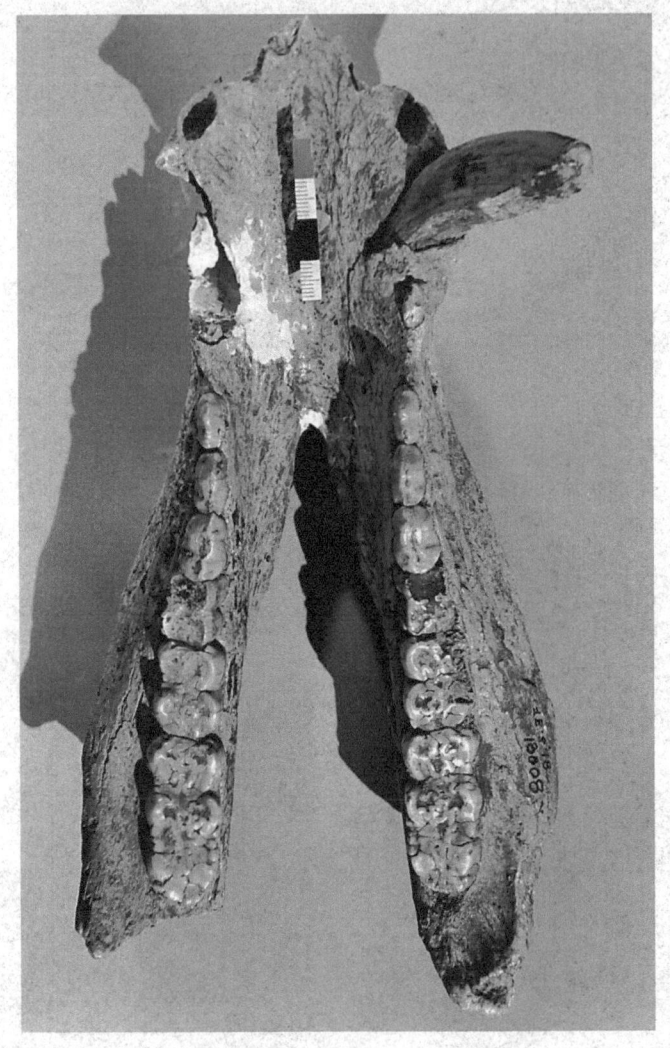

李氏野猪下颌骨，嚼面观

　　龙潭洞出土的李氏野猪材料计有上、下颌骨，单个牙齿和残破肢骨等200余件。李氏野猪化石从宏观角度看，突出特征之一是雄性上犬齿横截面为椭圆形，靠前外侧有一釉质条带，表面有明显的纵沟；下犬齿长，横截面三角形，釉质层厚，其外侧长度大于内侧，两侧表面均有釉质纵沟。雌性上犬齿小，齿冠低，侧扁；下犬齿亦小，横截面呈肾形，釉质层薄。此外，李氏野猪第 3 下臼齿有第 3 叶，野猪者无或不发育。

25. 麝（*Hydreptes inermis*）

材料有几件下颌骨和一枚犬齿。犬齿的形态与现生麝相似，齿侧扁，稍向后方弯曲，后缘呈一锋利的刀刃状，齿冠与齿根之间无明显分界可寻，也就是说，两者的接触关系是渐变的。依据这些性质判断，和县猿人生活时期的汪家山一带有麝在活动。

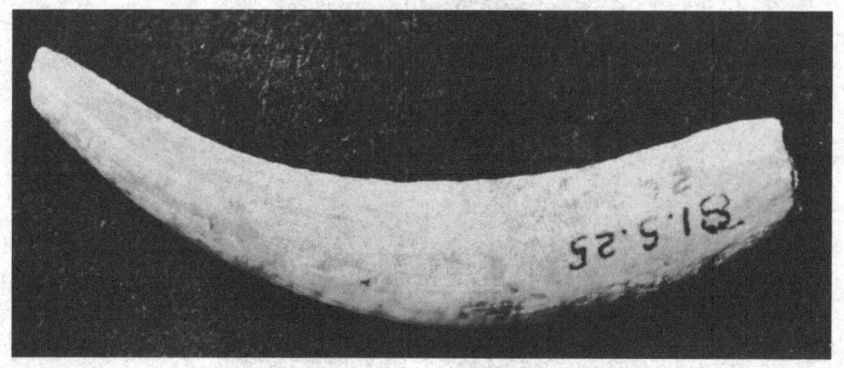

麝犬齿，侧面观

26. 和县宽麅（*Capreolus hexianensis*）

和县宽麅材料有两个角，一个保存有角柄及角主枝，另一个仅保存有一段主枝。这种麅角的个体大，角纤细，枝很直，无分叉，角表面有纵沟和较

和县宽麅角，侧面观

小的瘤状突起物。除此之外，它没有角节，角柄长，但比主枝短，角柄的横截面呈扁圆形。计宏祥先生依据这些形态特征，将其立为一个新种，称为和县宽麂。

27. 葛氏斑鹿（*Pseueaxis grayi*）

葛氏斑鹿的材料包括不完整的颅骨、下颌骨、牙齿和肢骨，总量超过 800 件，其中鹿角和单个牙齿最多。

这种鹿不同于现生的梅花鹿和水鹿。其区别在于，葛氏斑鹿的角表面有纵沟，有规则的突起，角的横截面呈圆形，幼年鹿角的眉枝距角环较远，与主干相交角度小。成年鹿角，眉枝距角环也较远，

带有顶骨的葛氏斑鹿角，侧面观

但与主枝是 90°或近于 90°相交。其眉枝是向后、向上弯曲的。葛氏斑鹿的牙齿，齿冠较高，底柱中等发育，齿缘不发育，上第 4 前臼齿内壁无浅沟。

和县猿人遗址出土的大量葛氏斑鹿角，无一完好个体，且几乎都带有小部分顶骨。再者，眉枝、第 2 枝或主枝的顶端保存较多，表面有明显的砍砸痕迹。这些现象的存在，展现出和县猿人善于猎取斑鹿、肢解斑鹿。

肢解的葛氏斑鹿角，侧面观

葛氏斑鹿的地理分布在华北，周口店北京猿人遗址出土的该种化石最为丰富，它们从北方扩散到

第六章
和县猿人遗址的古动物

长江之滨，多半是随冬季风南下，寻觅一个合适的生态环境。不言而喻，长江是它们首选之地。因为这里的气候湿润，有河流、湖泊，还有森林、灌丛或草地。

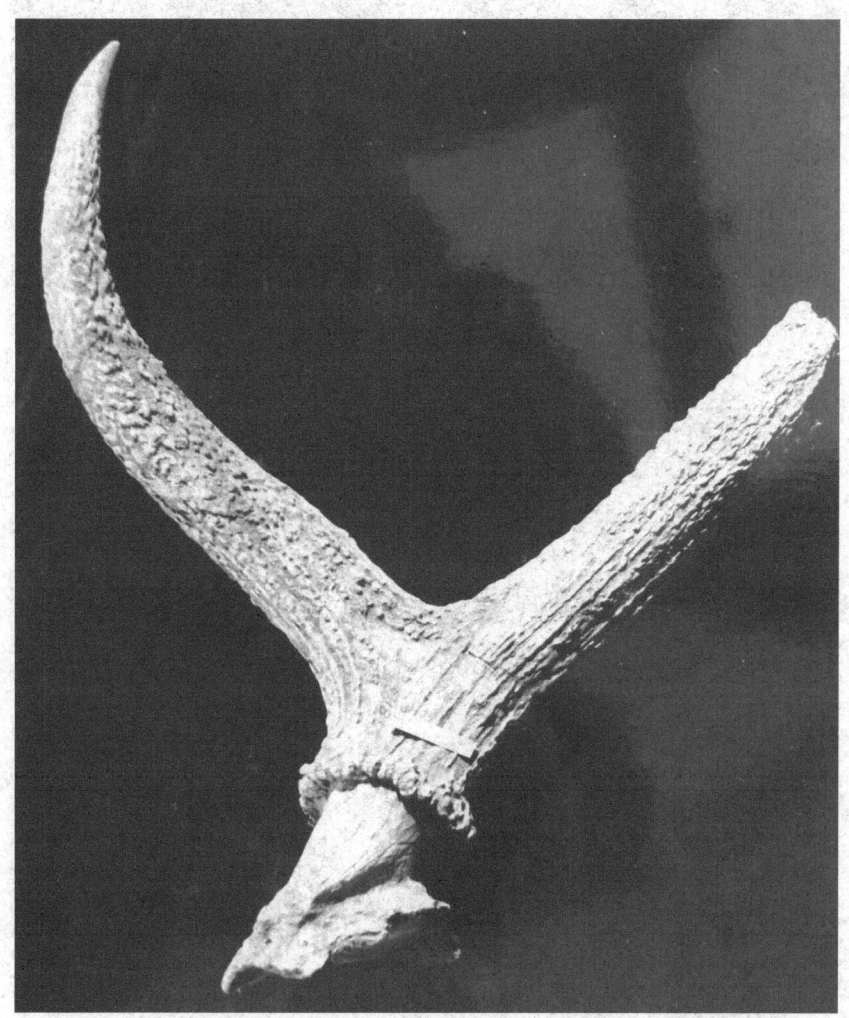

保存有眉枝的葛氏斑鹿角，侧面观

和县猿人

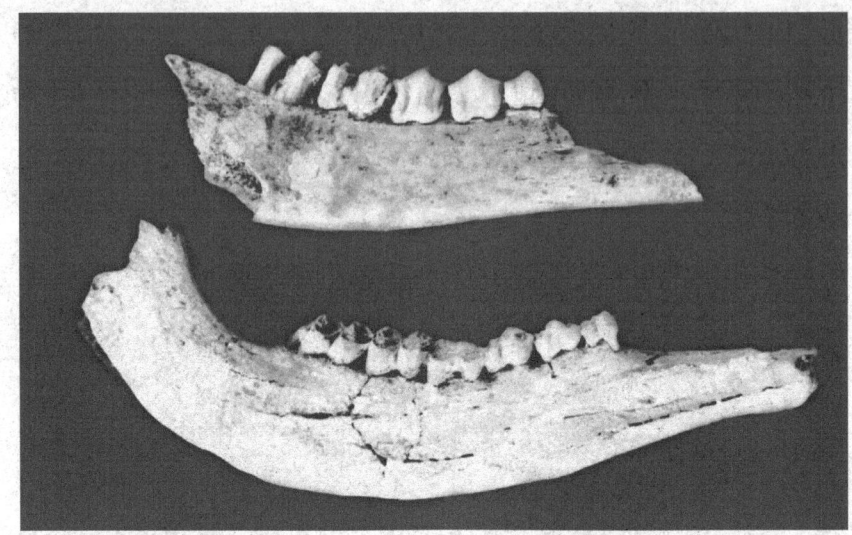

葛氏斑鹿下颌骨，侧面观

葛氏斑鹿头颅复原

资料来源：北京文博远大数字技术有限公司

第六章
和县猿人遗址的古动物

28. 戴维麋鹿（*Elaphurus davidianus*）

戴维麋鹿俗名称为四不像，因为它的角似鹿非

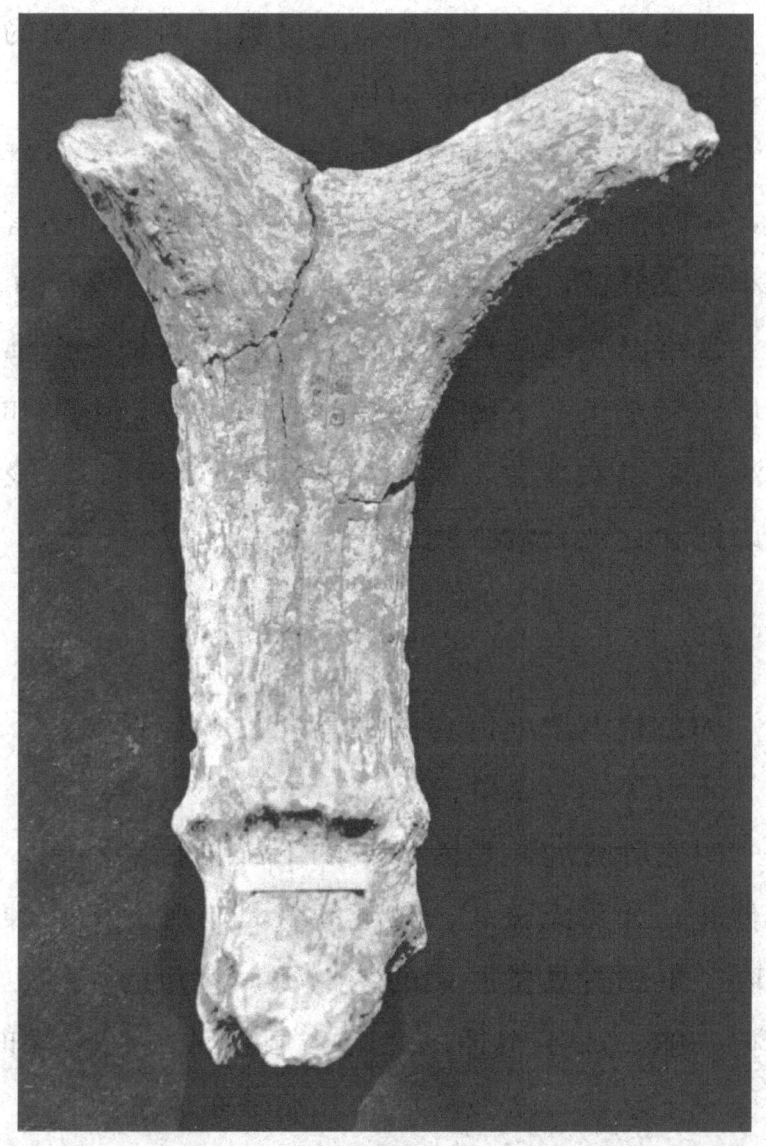

戴维麋鹿角，侧面观

鹿，脸似马非马，蹄似牛非牛，尾似驴非驴。其实，研究者米勒·爱德华兹（Alphonse Milne Edwards）给予它的学名为戴维麋鹿。

和县猿人遗址的戴维麋鹿材料有两段破损的角干：一个是左角的部分角柄、角环和主枝；另一个是右角，保存有角柄和部分主枝。从仅有的材料看，角的横截面近似圆形，角表面有纵沟，还有许多小叉及分枝，这些性状都是戴维麋鹿所特有的。

戴维麋鹿的地理分布较为广泛，从华北至淮河流域，乃至长江下游，都有其化石可寻。由于和县龙潭洞戴维麋鹿生活的时代早（25万年前），我们可以把和县视为戴维麋鹿最早生发地之一。

29. 肿骨鹿（*Megaceros pachyostes*）

和县猿人遗址保存的肿骨鹿材料包括角、下颌骨、牙齿等100余件。

叫它肿骨鹿，是因为它的下颌骨特别肿大，而其他鹿，如葛氏斑鹿，其下颌骨是不肿大的。肿骨鹿除了下颌骨具备肿大的特点外，其角的长相也是独树一帜。成年个体的角，当眉枝伸展到末端时，突变成了掌状，主枝伸展到末端时亦成掌状。

肿骨鹿的地理分布，与葛氏斑鹿的分布类似，其原籍也在北方。周口店北京猿人遗址出土的肿骨鹿化石异常丰富。它们从北方来到南方，就其诱因来说，也是随冬季风来到这里的。

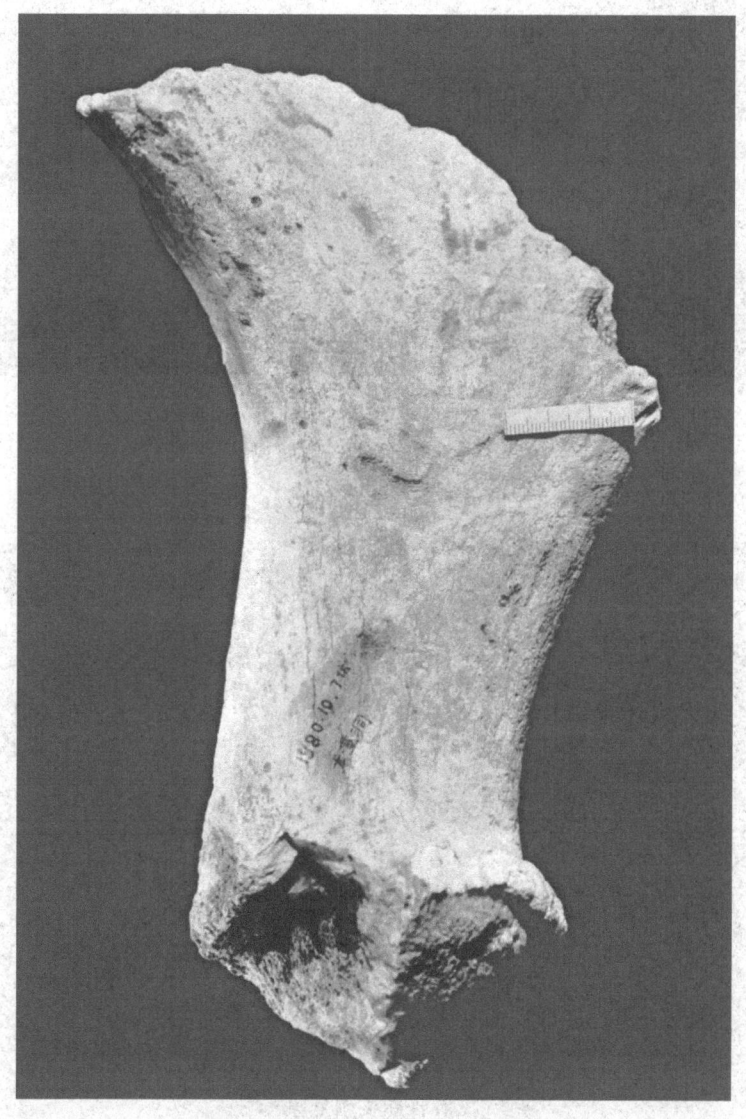

肿骨鹿角主枝下端，侧面观

| 和县猿人

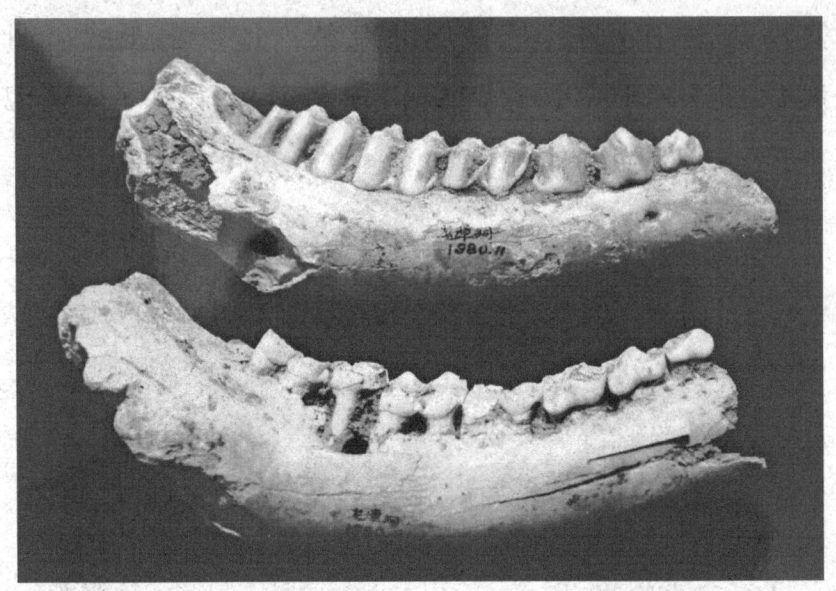

肿骨鹿下颌骨,侧面观

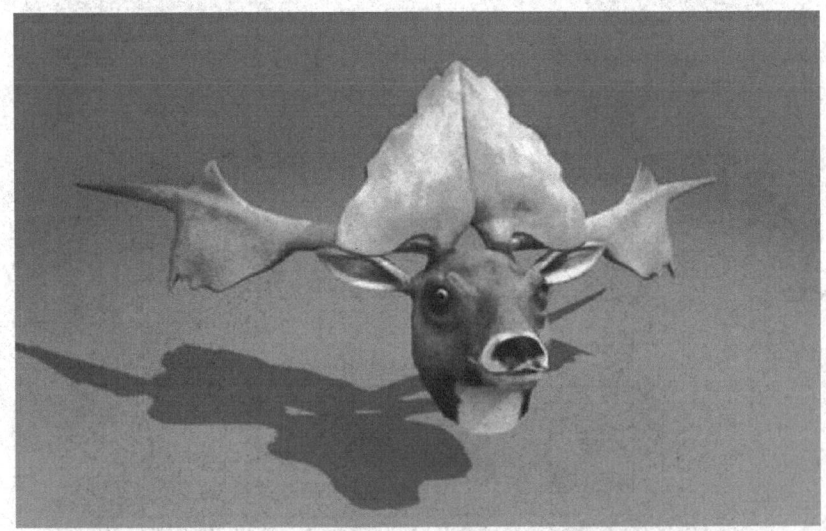

肿骨鹿头颅复原

资料来源:北京文博远大数字技术有限公司

第六章
和县猿人遗址的古动物

30. 古中国野牛（*Bison palaeosinensis*）

古中国野牛的材料有 1 段角心、1 件下颌骨和

古中国野牛角，内侧观

10余枚牙齿。古中国野牛的角心形态显示，角心向后上方伸出，不下降，角心基部粗壮，向尖端逐渐变细。角心的横截面椭圆形，其表面有纵沟，靠背、腹侧前后端的纵沟较深。古中国野牛的牙齿形态，上第2前臼齿很小，约为上第3前臼齿长度的2/3。上第4前臼齿舌侧有垂直于外壁的脊；下牙外壁有发达的齿柱，其横截面呈十字形。龙潭洞的这种野牛，其多分布于北方，尤其是在东北平原广有发现。它们从北至南迁徙，亦是环境所致。

有关和县猿人遗址出土的脊椎动物化石种类的记述，在此告一段落。然而和县猿人动物群的成员还有相当部分未作介绍，为了对它们的全貌有一概括的了解，本书将全部化石名单列在附录中。

第七章 和县猿人生活的年代

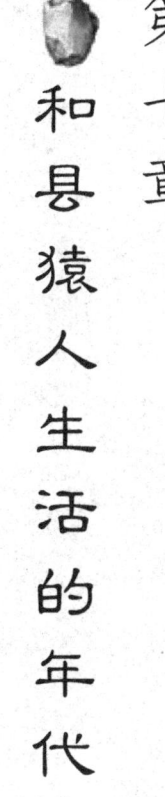

第七章
和县猿人生活的年代

对于和县猿人生活的年代，用以下几种方法进行了测定。

一、氨基酸法

分析样品为和县双角犀、李氏野猪及葛氏斑鹿前臼齿及臼齿。此方法是应用骨骼中异亮氨基酸的差向异构化动力学方程及 Arhenius 经验式，并通过异亮氨基酸的异构化程度，估算出龙潭洞堆积地层的年龄为 30 万～20 万年（王将克等，1986 年）。

二、电子自旋共振法

测定材料,亦用哺乳动物牙齿。这种测年方法目前已被广泛应用。北京大学陈铁梅先生就是用此方法进行操作的。其样品为东方剑齿象、和县双角犀牙齿。测定结果为距今27万~15万年(陈铁梅,1987年)。

安徽科技大学黄培华先生用同一方法作了测定,所用样品亦是东方剑齿象及和县双角犀牙齿,其结果比陈铁梅的测试结果稍早,为距今40万~30万年。

三、热释光法

根据热释光法,测得年代为距今19.5万~18.4万年(李虎侯等,1983年)。

四、动物群对比法

动物群对比法,直截了当地说,就是依靠遗址或地点出土的脊椎动物化石，看其中绝灭动物和现生动物的比例。拿和县猿人动物群来说，整个动物群的成员共计58种，其中，灭绝动物有化石钝吻鳄、居氏巨河狸、剑齿虎、鬣狗、貘、双角犀、肿骨鹿、葛氏斑鹿等；现生动物有猕猴、大熊猫、狼、貉、熊、虎、野狸、猪等。和县猿人动物群里的灭绝成分较少，现生种类相对较多，约为灭绝物种的4/5。灭绝动物中，居氏巨河狸、剑齿虎、鬣狗、肿骨鹿、葛氏斑鹿等都是周口店北京猿人动物群的主要成员，而今在和县猿人动物群中再现，说明和县猿人动物群的相对时代不会很晚，如果说北京猿人动物群的相对时代为中更新世中期，那么和县猿人动物群的相对时代可视为中更新世中晚期。因为和县猿人动物群里的现生种类比北京猿人动物群者多。

以上几种测试结果，彼此间有所差异。但从总的趋势看，它们都落在了距今30万～20万年的时空界面上。如取其中间值，龙潭洞堆积地层的年龄定格在距今25万年是恰当的。这与动物群分析的相对时代也是吻合的。

第八章 和县猿人生活时期的气候环境

第八章
和县猿人生活时期的气候环境

和县猿人生活时期的气候环境，我们今天是无法直接感受到的，只能通过古动物、古植物反映的生活习性来了解那个年代的春夏秋冬。

与和县猿人生活在同一个自然环境里的古动物有58种，其中小型哺乳动物23种，大型哺乳动物35种。这个动物群不仅种类繁多，而且对气候变化的敏感性也较强。例如，河狸离不开凉爽气候下的森林、河流和湖泊；貘离不开湿热气候条件下的灌丛草地，等等。它们这种生态习性或生态选择是在演化过程中逐渐形成的，而且是比较固定的。再者，58种动物中，个头有大有小，有的以植物为食，有的以动物为食，可以说，上天入地的都有，构成了一个完好的生物

和县猿人

链。之所以能保存这条完好的生物链，其中最为关键的要素，是它们各自能很好地适应环境的变化，也就是人们常说的生物的发展与环境的变化是一个有机的统一体。

具体来说，和县猿人动物群里的维氏花鼠、拟布氏田鼠、居氏巨河狸、棕熊、肿骨鹿、葛氏斑鹿

和县猿人生态图

第八章
和县猿人生活时期的气候环境

等能适应凉爽气候；而黑鼠、艾氏鼠、黑腹绒鼠、化石钝吻鳄、巨貘、大熊猫、东方剑齿象等则喜欢湿热气候。为什么在一个洞穴里能同时发现喜凉和喜热的动物呢？主要原因是气候不稳定，换句话说，在和县猿人生活时期，地球上的气候曾出现过冷与热的交替现象。当气候变冷时，北方或者西部高山的喜冷动物南下，当气候转暖时，南方的喜暖动物北上。和县地区正好处在南北气候变化处，在北纬 30°～32°范围内，因此，在这个地区的地层里便既留下了北方动物的遗骸，又有南方动物的足迹。通过对古植物化石（孢子花粉）的分析发现，其与动物群反映的生态环境相似，即那里为含少量常绿阔叶树的落叶阔叶混交林，森林、灌丛草原并存。气候呈现温凉湿润—温和略干—温暖湿润—温和略干的演变过程。总的趋势是偏凉，但不会很冷。汪家山一带有森林和草原，低洼的地方还有河流、湖泊及沼泽。25 万年前，和县猿人就生活在这样一个时冷时热的气候环境里。

第九章 龙潭洞的化石埋藏与人类活动

第九章
龙潭洞的化石埋藏与人类活动

我们在记述龙潭洞的形成及堆积层序时已经提到，龙潭洞是一处洞穴古人类遗址，溶洞小，堆积物厚度薄，但是人类活动留下的遗物却十分丰富。例如，斑鹿角，在一个探方内多达20个个体。正因如此，我们在发掘过程中对这些材料尤为关注。由于篇幅所限，我们仅以鹿角和颅后骨骼为例，对其埋藏与人类活动的相关问题作一解读。

1. 鹿角

龙潭洞出土的鹿角归属两种，一是葛氏斑鹿，一是肿骨鹿，前者的量大，后者的量小。我们观察了近300件葛氏斑鹿标本，其中多数角的基部带有顶骨，主枝及眉枝的远端有折断疤痕。从鹿角的外部结构看，角干表面颜色灰黄，无植物根茎腐蚀痕迹。少量标本有食肉类动物和啮齿类动物的咬啃痕迹。在个别标本上，鹿角表面有牛、犀等大型动物的踩痕，其形态多为凹疤。

鹿角表面出现人工痕迹之部位，可以分为三类：一类是角尖；另一类是主干带眉枝；再一类是带顶骨的角基。

和县猿人为何将一个完整的鹿角肢解成如此几个部分，其真实含义不得而知，我们只能通过鹿角的折断痕迹、使用痕迹和砍砸痕迹等诸多现象获取一点信息，那就是，和县猿人在生活实践中获得了一套全新的技能，从使用木棒、石块获取物质生活资料，发展到利用鹿角、石器获取物质生活资料。

2. 肢骨

龙潭洞出土的近1000件残破骨骼中，除少数是食肉类动物的以外，绝大多数材料是偶蹄类和奇蹄类动物的，如斑鹿、野牛、貘和犀的掌骨、尺骨、桡骨、胫骨和腓骨等。这些骨骼的破裂程度大体相似，即靠近骨体的远端或近端被折断，断面参差不齐。究其原因，大体有三种因素：自然风化断裂；大型动物踩裂；人为砍砸。将各因素综合考

第九章
龙潭洞的化石埋藏与人类活动

虑，人类砍砸是主要的。

我们在遗址西侧发掘时，采集的肢骨最多。特别值得一提的是2A探方，这里是和县猿人头盖骨发现处，在头盖骨周围几乎都是犀、牛和鹿等大型动物的肢骨，彼此重叠，其骨体长轴方向极不一致，有水平的、斜交的，还有垂直于层面的。在探方的西北角，伴有数块砾石，石料均为石英砂岩，磨圆度较差，有的砾石表面凹凸不平。从龙潭洞的整体面貌看，和县猿人生活时期，2A探方周围还保存着部分洞顶，适于人类活动，故他们的生活遗物在这里相对集中一些。反之，在其他探方埋藏的骨骼则相对较少或无。

一般来说，洞穴里的动物化石是多还是少，受气候、沉积速率、生物搬运等因素影响。和县猿人生活时期的气候，时热时凉，沉积速率相对较快，因而人类活动时留下的遗物易于保存。

对该遗址埋藏的鹿角和肢骨的解读，进一步加深了我们对和县猿人的行为方式的理解，他们应是一个以狩猎为主、采集为辅的原始族群。

第十章 和县猿人与他的近邻南京猿人

第十章
和县猿人与他的近邻南京猿人

南京猿人遗址位于南京汤山雷公山葫芦洞,行政上隶属南京江宁县汤山镇。地理坐标北纬32°,东经119°,西与安徽和县相邻,距陶店镇龙潭洞约150公里。

南京猿人遗址周边的地形,多为碳酸盐类岩层风化后形成的喀斯特山地,山峰海拔百十米,最高的五木山、刺山海拔接近300米。总体概貌与和县猿人遗址周边的地势相当,生态环境也大体一致,形成洞穴的岩层也是白云质灰岩。两者之间的差异在于葫芦洞的洞室比龙潭洞大,且深。葫芦洞与龙潭洞的堆积物均为棕色砂质土,两者可资对比。

南京猿人遗址出土的哺乳动物化石计有4目11科13属15种。它们是棕熊、中国鬣狗、虎、豹、中华貘、狐、猪獾、梅氏犀、马、剑齿象、李氏野猪、肿骨鹿、葛氏斑鹿和水牛等。研究者黄蕴平（南京市博物馆、北京大学考古学系汤山考古发掘队，《南京人化石地点》，北京：文物出版社，1996年，第83～99页）对全部标本进行了统计，认为葫芦洞出土的哺乳动物化石共代表了148个个体，其中以葛氏班鹿的材料最为丰富，占总数的36.5%，其次为肿骨鹿。这个统计数字与和县动物群相比，略为逊色：一是该动物群种类少（和县58种，南京15种）；二是南京动物群属种单一，缺少和县动物群里的爬行类和鸟类；三是南京的绝迹动物少，而和县多。但是，两者有一个最突出的共同点：两地都有大批葛氏斑鹿和肿骨鹿，且同属同种。看来，这两种鹿都在南京猿人、和县猿人的活动半径范围内，它们共同生活了20多万年。

  人类化石方面，南京猿人生活在35万年前，和县猿人则比其晚了近10万年。两者在生物学系统地位上，尽管均属直立人（1号），但是其体质形态，诸如颅穹的低平程度、额骨与顶骨矢状形态及长度比例、眶上圆枕形态、枕骨圆枕和枕外隆凸的发育程度等各有不同。但总体性状，是中国南方的直立人群所共有的（张银运，《南京直立人与印尼、周口店直立人的面颅形态比较》，《人类学学报》，

第十章
和县猿人与他的近邻南京猿人

2005年，第24卷，第3期）。

鉴于以上考虑，加之南京猿人与和县猿人的家园相邻搭界，一个在长江北岸，一个在长江南岸，称得上是一对隔江相望的近邻。

南京猿人（1号）头骨，侧面观

资料来源：南京市博物馆、北京大学考古学系汤山考古发掘队. 南京人化石地点. 北京：文物出版社，1996：图版V

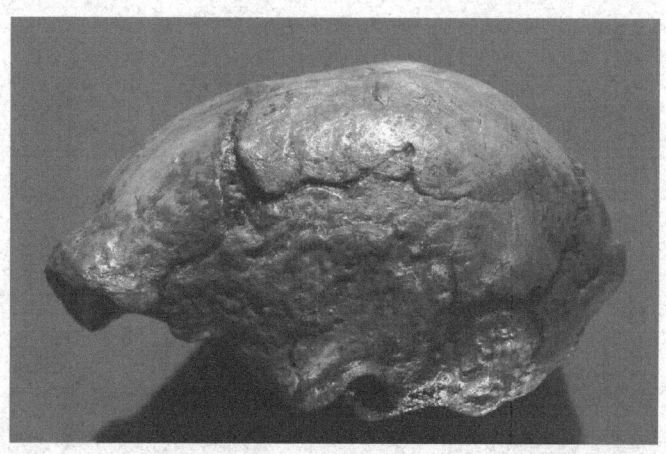

和县猿人头盖骨，侧面观

第十一章 和县猿人与他的远亲北京猿人

第十一章
和县猿人与他的远亲北京猿人

　　北京猿人地点位于北京市房山区周口店龙骨山。龙骨山是由奥陶纪石灰岩构成的一座馒头状的低山，南北长200多米，东西宽近200米，山顶最高海拔75米。北京猿人的家就坐落在龙骨山东坡的一个大而深的岩洞里，人们叫它猿人洞。这个岩洞自1929年发现第一个北京猿人头盖骨以来，先后被多次发掘，出土了40个个体的人类化石、数以万计的石器和近100种脊椎动物化石。经古地磁、铀系法等多种方法测定的年代为距今50万年。

　　在北京猿人化石材料中，有5具头盖骨保存最为完好。根据研究者的记述，这几个头盖骨的长相大体上是一致的。其特点是：头骨显得窄长，眼眶上方的眉脊特别突出，额骨低平，头后的枕脊发

| 和县猿人

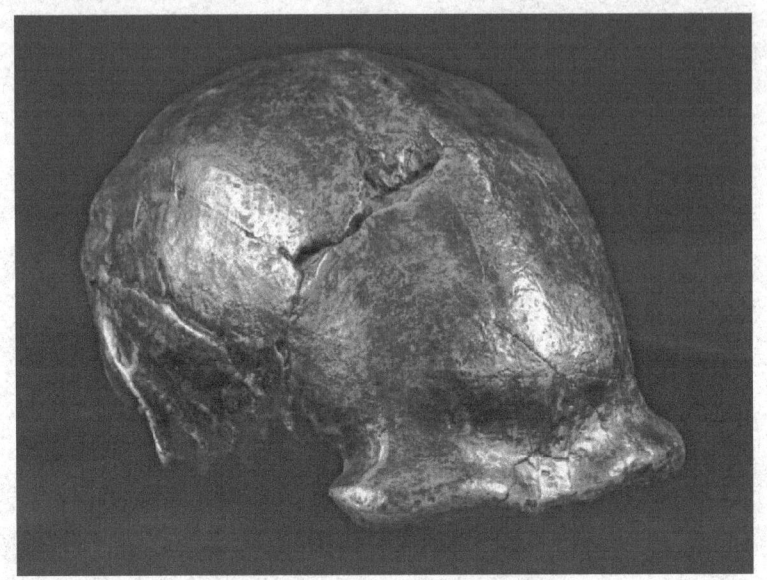

北京猿人头盖骨,前面观

资料来源:周口店遗址博物馆

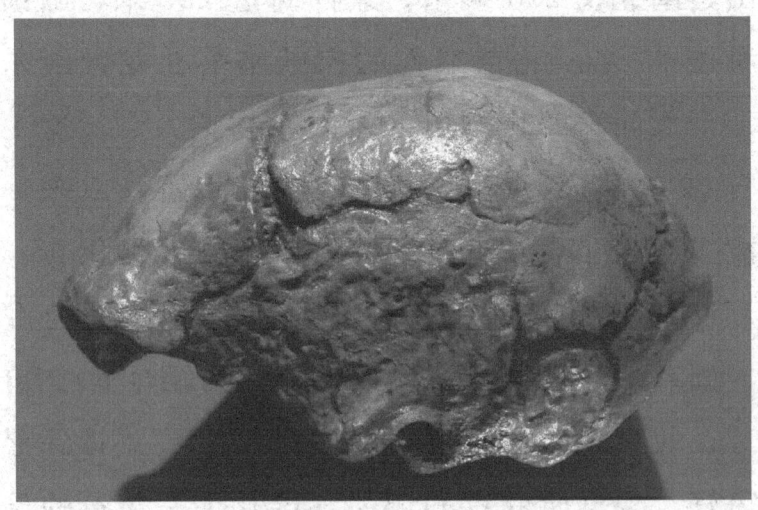

和县猿人头盖骨,侧面观

达,还有一条矢状脊从额骨中部延伸至顶骨后部。

第十一章
和县猿人与他的远亲北京猿人

和县猿人头骨的特征，在文前已作了详述，其总体印象是头骨显得短而宽，颧骨下缘外展，眶上圆枕下缘平直，圆枕上沟平而浅。

和县猿人、北京猿人之间的这些形态学上的差异，正如张银运先生所述，北京猿人具有北方地区远古人类的特征；和县猿人具有南方地区远古人类的特征（张银运，《南京直立人与印尼、周口店直立人的面颅形态比较》，《人类学学报》，2005年，第24卷，第3期）。

由此看来，和县猿人与北京猿人之间的生物学系统关系稍远。因此，我们把北京猿人称为和县猿人的远亲。

第十二章 和县猿人与他的近亲爪哇猿人

第十二章
和县猿人与他的近亲爪哇猿人

爪哇猿人是荷兰古生物学家杜布瓦（Dubois）于1891年在印度尼西亚特里尼尔附近发现的，标本是一个头盖骨。1892年，杜布瓦在同一层中又发现了一根股骨，他在研究后认为，头盖骨的眉弓显著，额骨低平，枕脊隆起，各块骨头厚实，颅腔脑容积为850毫升；与头盖骨同一层位出土的股骨，其股骨头相对大，股骨颈较长，骨干较粗。把它们的形态特征一并考虑可知，两者同属一个个体，这一个体是人与猿的过渡类型，能直立行走，于是将其命名为直立猿人（*Pithecanthrops erectus*）。后来，属名 *Pithecanthrops* 改为 *Homo*，整个名字变成了 *Homo erectus*，译成汉语为"直立人"。

发现爪哇猿人的信息传开后，人类学家、古生

| 和县猿人

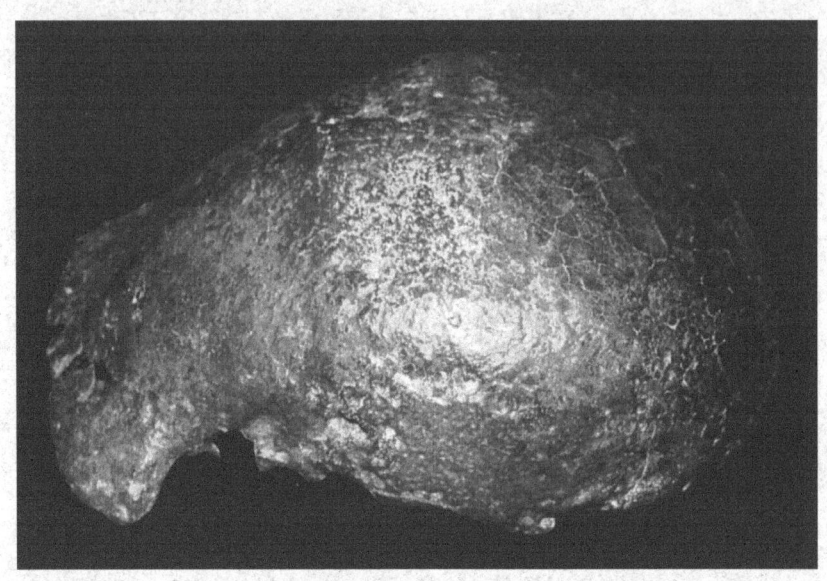

爪哇猿人头盖骨，侧面观

资料来源：马场悠男．爪哇猿人之复原．日本国立科学物馆，1996：31

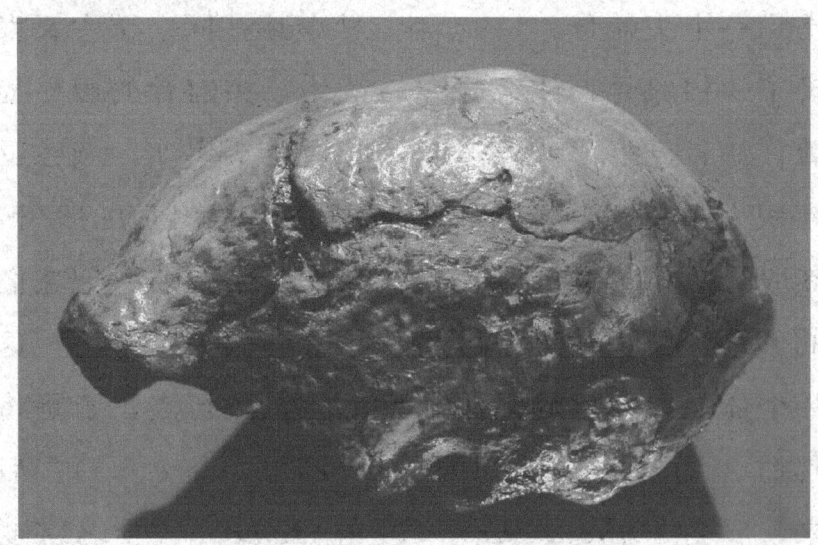

和县猿人头盖骨，侧面观

物学、史前考古学家高度重视，德籍荷兰古生物学家孔尼华（G. H. R. von Koenigswald）来到了印度尼西亚，从 1936 年起，陆续地从特里尼尔期和哲蒂斯期的地层中发现了许多人类化石，材料包括颅骨和下颌骨。在后来的发掘中，这里又相继出土了一些古人类材料。

黄万波研究了部分爪哇猿人资料后认为，爪哇猿人头骨短而宽，眶上圆枕下缘较平直，圆枕上沟平而浅，若是将这些性状与北京猿人、和县猿人相比，毫无疑问，它接近于和县猿人。古人类学家张银运在《人类学学报》第 24 卷第 3 期上发表的一篇题为"南京直立人与印尼、周口店直立人的面颅形态比较"的文章中也说："南京 1 号头骨及和县猿人头骨很可能是代表一类中国南方的直立人群，其体质形态与以周口店头骨为代表的中国北方直立人群有些不同。"

基于这种形态学理念，我们把爪哇猿人称为和县猿人的近亲。

附录

和县猿人动物群名单

龟	*Ocadia* sp.
鳖	*Amyda* sp.
化石钝吻鳄	*Alligator fossilis*
马鸡	*Crossoptilon* sp.
猕猴	*Macaca* sp.
鼹鼠	*Scaptochirus* sp.
水鼩	*Sorex* sp.
短尾鼩	*Blarinella quadraticauda*
杨氏长尾鼩	*Chodsigoa youngi*

> 和县猿人

微尾鼩	*Anourosorex squamipes*
叶鼻蝠	*Rhinolophus* cf. *ferrum-equnum*
园叶马蹄蝠	*Hipposideros* sp.
鼠耳蝠	*Myotis* sp.
斯氏长翼蝠	*Miniopterus schrebersii*
维氏花鼠	*Tamias* cf. *wimani*
变异仓鼠	*Cricetulus varians*
居氏巨河狸	*Trogontherium cuvieri*
小林姬鼠	*Apodemus sylvaticus*
黑线姬鼠	*Apodemus agrarius*
黑鼠	*Rattus rattus*
褐鼠	*Rattus norvegicus*
艾氏鼠	*Rattus edwardsi*
变异华南鼠	*Huananomy variabilis*
黑腹绒鼠	*Eothenomys melanogaster*
依氏绒鼠	*Eothenomys eva alcinous*
丽江绒鼠	*Eothenomys proditor*
华北绒鼠	*Eothenomys inez*
拟布氏田鼠	*Microtus brandtioides*
野兔	*Lepus* sp.
似犬狼	*Canis cyonoides*
中华貉	*Nyctereutes sinensis*

北豺	*Canis alpinus*
大熊猫	*Ailuropoda melanoluca*
棕熊	*Uusus arctos*
柯氏西藏熊	*Ursus thibetanus kokeni*
狗獾	*Meles leucurus*
突吻猪獾	*Arctonyx collaris rostratus*
变异水獭	*Lutra lutra variabilis*
獾形獭	*Lurta melina*
中华粗状斑鬣狗	*Pachycrocuta sinensis*
虎	*Panthera tigris*
更新猎豹	*Sivapanthera pleistocaenicus*
小野狸	*Felis microtis*
锯齿似剑齿虎	*Homotherium* cf. *crenatidens*
东方剑齿象	*Stegodon orientalis*
马	*Equus* sp.
中国貘	*Tapirus sinensis*
巨貘	*Megatapirus augustus*
和县双角犀	*Dicerorhinus hexianensis*
小猪	*Sus xiaozhu*
李氏野猪	*Sus lydekkeri*
麝	*Hydreopotes inermis*
和县宽鹿	*Capreolus hexianensis*

| 和县猿人

葛氏斑鹿　　　　　*Pseudaxis grayi*
戴维麋鹿　　　　　*Elaphurus davidianus*
肿骨鹿　　　　　　*Megaceros pachyostes*
古中国野牛　　　　*Bison palaeosinensis*

后记

本书是一部史前考古学方面的通俗读物，它比较系统地记述了和县猿人遗址的地学、古人类学、古动物学、旧石器考古学和年代学等科学内容。而其中的重要章节，是以深入浅出的笔法讲述了和县猿人是怎样被发现的，并且介绍了与和县猿人伴生的几十种动物的形态特征，集科学性、趣味性、可读性于一体，让读者在轻松愉快的阅读中了解到，史前时期的陶店汪家山一带是一个有山地、森林、河流、沼泽、草地的原生态环境的古动物园。本书还对和县猿人、北京猿人、南京猿人、爪哇猿人之间的生物学系统关系作了阐述。

总之，《和县猿人》是人类起源与演化史料中一个重要的组成部分，值得我们去探索、研究！

和县猿人遗址自 1979 年开始调查至 1980 年正式发掘，先后经历了两年时间，参加调查、发掘的工作人员有 9 位，他们是方笃生、彭春、叶永相、汪景辉、范汝强、王彦祥、谢树华、谢党和黄万波。除此之外，还有当时在陶店镇工作的妇女干部倪萍。他们为和县猿人遗址的调查、发掘付出了艰辛的劳动，在本书即将付印之际，对他们表示衷心的感谢！

《和县猿人》这本小册子，早在 20 世纪 90 年代就有了雏形，只是由于出版经费和相关图件未能如期到位，一直延误至今。而今能顺利完稿和出版，与重庆中国三峡博物馆、安徽省和县文化局以及本书作者的通力合作密不可分，特此致谢。

本书的出版得到了重庆中国三峡博物馆的资助，安徽省和县博物馆范晓袯同志的大力协助，我们在此深表感谢。同时，对参与化石研究的丛林玉、郑绍华、计宏祥及郑龙亭等致以诚挚的敬意。对考察期间向我们提供化石标本的安徽省水文地质队和陶店镇的相关领导，表示诚挚的谢意。

后记

还需说明一点，本书在写作过程中，参考了《和县人遗址》及其相关文献，并引用了部分图文，特此对那些研究者、版权所有者致谢，并将支付相应报酬。